# 汽车涂装技术
## （第3版）

主　编　李远军

副主编　李建明　田兴政　常同珍
　　　　夏志东　卜祥玲

参　编　汪幼方　吴佳俊

主　审　易建红

北京理工大学出版社
BEIJING INSTITUTE OF TECHNOLOGY PRESS

## 内 容 简 介

"汽车涂装技术"是一门实践性很强的综合性专业课程。本书注重针对性和应用性，力求把传授知识与培养能力有机地结合起来，突出以能力为本位的教育特色，体现理论与实践相结合的一体化教学模式。本书拓宽了汽车涂装的知识面，使学生掌握"一专多能"的知识和技能。

本书共7个项目，包括：涂装车间安全与环境保护、汽车涂料、涂装设备与工具的使用、前处理工艺、调色工艺、面漆的施涂、涂装漆膜缺陷。本书系统地介绍了汽车涂装修理过程中常用涂装设备与工具的种类和使用方法，详细地介绍了车身修理车间的一般工艺流程以及汽车表面修理的各种实用技能，并对涂装过程中的涂膜缺陷及预防措施进行了分析。本书不仅可作为高等职业院校汽车相关专业的教材使用，也可作为相关行业岗位培训用书，同时可供对汽车车身漆面修复感兴趣的读者和汽车维修人员参考。

**版权专有　侵权必究**

### 图书在版编目（CIP）数据

汽车涂装技术 / 李远军主编. -- 3 版. -- 北京：北京理工大学出版社，2021.10（2023.11 重印）
ISBN 978 - 7 - 5763 - 0517 - 3

Ⅰ. ①汽… Ⅱ. ①李… Ⅲ. ①汽车 - 涂漆 - 职业教育 - 教材 Ⅳ. ①U472.44

中国版本图书馆 CIP 数据核字（2021）第 211197 号

---

| | | | |
|---|---|---|---|
| **责任编辑**：高雪梅 | | **文案编辑**：高雪梅 | |
| **责任校对**：周瑞红 | | **责任印制**：李志强 | |

**出版发行** / 北京理工大学出版社有限责任公司
**社　　址** / 北京市丰台区四合庄路 6 号
**邮　　编** / 100070
**电　　话** / (010) 68914026（教材售后服务热线）
　　　　　　 (010) 68944437（课件资源服务热线）
**网　　址** / http://www.bitpress.com.cn
**版 印 次** / 2023 年 11 月第 3 版第 3 次印刷
**印　　刷** / 北京广达印刷有限公司
**开　　本** / 787 mm × 1092 mm　1/16
**印　　张** / 11.25
**字　　数** / 260 千字
**定　　价** / 49.90 元

图书出现印装质量问题，请拨打售后服务热线，负责调换

# 前 言

在国家生态文明制度体系更加健全，污染防治攻坚向纵深推进，绿色、循环、低碳发展迈出坚实步伐的大环境下，为贯彻落实党的二十大精神，加快现代职业教育体系建设，推动专业设置与产业需求、课程内容与职业标准、教学过程与生产过程"三对接"，深化产教融合、校企合作的大背景下，深化职业教育教学改革，积极推进课程改进和教材建设。为体现职业教育的任务及培养目标，体现职业教育特点和规律，体现现代产业理念、行业产业生产工艺和技术水准，教材建设要适应发展需求，利于中职、高职的知识学习与技能训练的衔接，以及职业教育和普通教育的相互沟通，突出其科学性、先进性及教学适用性。

在《汽车涂装技术（第2版）》的基础上，第3版修改的主要内容有：

1. 内容编写上区分多个学习项目，每个项目涵盖一个或多个实施任务；

2. 每个学习项目采用项目描述、相关知识、项目实施（分任务）、自我测试题的格式编写；

3. 涂装施涂的实施标准参照国际知名企业的操作流程与规范；

4. 根据理论与实践一体的教学特点，增加了虚拟喷涂实训等内容。

参加本书编写工作的有：湖北交通职业技术学院李远军（编写项目3、7）、常同珍、李建明（编写项目5）、田兴政、夏志东（编写项目4、6）、吴佳俊、卜祥玲（编写项目1、2）、武汉汉德宝汽车销售服务有限公司汪幼方高级技师（参编项目2）。全书由享誉湖北的"喷涂枪王"易建红担任主审。

本书在编写过程中参考了大量国内外公开发表的有关信息技术、新材料、高端装备、绿色环保以及数字经济发展等资料和文献，并引用了其中部分科学的操作方法和图表资料，在此向诸多作者和相关组织及企业表示最衷心的感谢，并由衷地感谢北京理工大学出版社为本书的出版给予的大力支持。

由于编者水平有限，书中难免存在不妥之处，恳请读者和专家批评指正，以便今后修订，日臻完善。

编 者

# 目录

**项目 1** 涂装车间安全与环境保护 ▶ 001

    一、项目描述 / 002
    二、相关知识 / 002
        （一）涂装车间安全 / 002
        （二）个人安全与防护 / 006
        （三）环境保护 / 011
    三、项目实施 / 015
        任务　个人安全与防护用品选择与穿戴 / 015
    四、自我测试题 / 015

**项目 2** 汽车涂料 ▶ 017

    一、项目描述 / 018
    二、相关知识 / 018
        （一）汽车涂料的发展史 / 018
        （二）汽车原厂漆涂料 / 020
        （三）溶剂型修补漆涂料 / 023
        （四）水性修补漆涂料 / 026
        （五）涂装辅助材料 / 027
    三、自我测试题 / 031

**项目 3** 涂装设备与工具的使用 ▶ 033

    一、项目描述 / 034
    二、相关知识 / 034
        （一）压缩空气供气系统 / 034
        （二）烤漆房 / 040
        （三）刮涂工具 / 044
        （四）打磨工具 / 045
        （五）喷枪 / 052
        （六）干燥设备 / 060
        （七）抛光工具 / 061
        （八）其他工具 / 062

三、项目实施 / 065

　　任务一　喷枪使用及维护（视频扫码观看）／ 065

　　任务二　虚拟仿真喷涂设备使用及维护（视频扫码观看）／ 065

四、自我测试题 / 066

## 项目 4　前处理工艺　▶ 067

一、项目描述 / 068
二、相关知识 / 068
　　（一）涂层鉴别 / 068
　　（二）常用底材的鉴别方法 / 070
　　（三）表面损伤评估 / 071
　　（四）内涂层涂料的选定 / 073
　　（五）遮蔽方法 / 077
　　（六）塑料件前处理 / 080
　　（七）铝板件前处理 / 082

三、项目实施 / 083
　　任务一　底材处理 / 083
　　任务二　原子灰的施涂 / 086
　　任务三　原子灰的研磨 / 090
　　任务四　中涂底漆的施涂及打磨 / 092
　　任务五　旧塑料件前处理 / 096
四、自我测试题 / 098

## 项目 5　调色工艺　▶ 099

一、项目描述 / 100
二、相关知识 / 100
　　（一）颜色基础知识 / 100
　　（二）颜色的比较 / 108
　　（三）颜色调配原则 / 110
　　（四）色母特性认识 / 112
三、项目实施 / 113
　　任务一　溶剂型色漆调色 / 113
　　任务二　水性漆调色 / 122
四、自我测试题 / 124

· Ⅱ ·

**项目6** 面漆的施涂 ▶ 125

　　一、项目描述 / 126
　　二、相关知识 / 126
　　　　（一）面漆的作用和分类 / 126
　　　　（二）面漆喷涂的种类与手法 / 128
　　　　（三）面漆喷涂质量的主要影响因素与评价 / 130
　　　　（四）干燥 / 131
　　　　（五）抛光 / 134
　　三、项目实施 / 135
　　　　任务一　面漆喷涂前的准备工作 / 135
　　　　任务二　单工序素色面漆的整喷与修补 / 139
　　　　任务三　双工序素色面漆、银粉漆、珍珠漆的整喷与修补 / 142

　　　　任务四　三工序珍珠漆的整喷与修补 / 142
　　　　任务五　水性漆的喷涂 / 143
　　　　任务六　清漆喷涂 / 146
　　　　任务七　面漆的干燥与抛光 / 147
　　四、自我测试题 / 149

**项目7** 涂装漆膜缺陷 ▶ 151

　　一、项目描述 / 152
　　二、相关知识 / 152
　　　　（一）使用环境导致的漆膜缺陷处理 / 152
　　　　（二）喷涂操作导致的漆膜缺陷处理 / 154
　　三、自我测试题 / 168
　　参考文献 / 169

# 项目 1
## 涂装车间安全与环境保护

# 一、项目描述

在汽车车身漆面修复涂装作业中，涂装车间所使用的涂料及溶剂等绝大部分都是有机物质，在工作中会形成漆雾、有机溶剂蒸汽、粉尘等。操作人员长期接触和吸入这些有机物质后会引起慢性中毒，有损健康。若将它们排放到室外则导致大气污染，有些具有光化学反应性的溶剂在受到阳光中的紫外线照射后能形成毒性更大的物质，造成公害。因此，从事涂装作业的操作及管理人员必须全面熟悉涂装车间安全、个人安全防护、涂装公害及其防治方法。

1. 知识要求

（1）掌握涂装车间作业安全管理规定，个人安全防护用品选用及穿戴知识。

（2）知道涂装作业环境保护相关法律法规及应对措施。

2. 技能要求

（1）掌握涂装车间安全管理规定及个人安全防护用品的选用及正确穿戴方法。

（2）学会涂装作业环境的保护措施。

3. 素质要求

（1）个人安全防护用品的选用及穿戴，车间安全意识。

（2）5S 管理、环境保护及持续改善。

# 二、相关知识

## （一）涂装车间安全

汽车维修企业的涂装车间多采用立体作业，自动程度不高，使用酸、碱和其他易燃涂料等物质处理被涂件时如果操作不当，很容易发生人身和设备事故。另外，在涂装工作过程中产生的废气、废水、废弃物等"三废"容易污染环境。所以，涂装车间是工厂的公害防治重点和防毒防火要害区。从事涂装工作的技术人员和管理人员必须全面熟悉涂装知识工作安全和采用有效的办法控制污染及灾害的发生。在进行涂装时，所使用的材料若含有有害物质，则可能使操作者急性或慢性中毒，患职业病、皮肤病等，因此必须加强工作环境的保护和工人的健康保护。

1. 汽车进入修理车间后的安全预防措施

（1）在汽车上工作时，制动装置置于停车位置。如汽车为自动变速则应置于停车挡位置；如汽车为手动变速则应置于倒挡（发动机熄火时）或空挡（发动机工作）位置。

（2）由于某些原因需要在车下操作时，要使用安全支架。

（3）为了防止严重烧伤，应避免接触散热器、排气管、尾管、催化转换器、消声器等灼热的金属部件。

（4）发动机运转时，操作者要与转动部件特别是散热器的风扇传动带保持一定距离。

（5）点火开关一定要经常处于断开位置，除非工作程序需要。

（6）在车间内移动汽车时，一定要查看四周环境并确认通道上没有任何物品。

（7）对新能源汽车进行维修操作时，必须做好相关安全防护隔离工作，仅允许已经取得了新能源汽车维修资质的人员对车辆进行相关操作工作。

２．工具与设备的安全使用

（1）手动工具要保持清洁和完好的状态，因为沾油的或破损的手动工具容易从手中滑出，造成人身伤害。

（2）在使用手动工具之前，检查是否有破裂、削口、毛刺、断齿或其他危险状况。任何工具如不合格就不能使用。

（3）使用锐利的或有尖角的工具时应小心操作，以免滑脱而造成人身伤害。如果工具本身要求是锐利的，则应检查其是否真正锋利。

（4）专用工具除用于专门为之设计的工作外，不要用于其他工作。

（5）不要将刮板、旋具、铲子、手钻、冲头或其他锐利的手动工具放在口袋中，以免损伤自己身体或在工作中损伤汽车车身和划伤汽车漆面。

（6）使用电动工具前，要查明它是否正确接地及绝缘部位有无破裂，检查时切勿站在潮湿的地板上。

（7）不要操作没有保护装置的电动工具。

（8）使用电动工具时切勿用手握持零件，它容易滑动，应该用台钳夹紧零件再加工。

（9）接通电动工具电源之前，应确认开关是断开的，以防止严重的伤害。电动工具使用完毕，应及时切断电源。

（10）使用工具时不要超过注明的能力范围，如不要在大于电动机额定功率的情况下进行操作。切勿在工具的非设计范围进行操作。

（11）切勿在工作状态下用手或刷子清理切屑或碎片。

（12）用手工工具或机械工具清除氧化皮、焊缝、毛刺时，应戴好防护眼镜和防尘口罩，以免铁屑损伤眼睛或吸入粉尘感染呼吸道和肺部。

（13）切勿过度探身，要保持身体的平衡姿态以防止摔倒。

（14）使用压缩空气作动力时要特别注意，气动工具必须在制造厂指定的压力下工作。当喷嘴处于末端用于清洁时，压缩空气出口压力必须保持在 200 kPa 以下。不要用压缩空气吹洗衣服，即使低压力的压缩空气也能将灰尘微粒嵌入皮肤而导致感染。

（15）将全部零件和工具整齐地存放在无人走动的地方。这样做不仅可减少人身伤害，而且可减少寻找工具和零件所耗费的时间。

（16）使用液压机时要查明压力是否处于安全状态。在操作液压机时，通常要站在机器的一边，且必须戴上安全眼镜。

（17）假如工厂有液压千斤顶，在使用前一定要阅读说明书。检查缓冲器与车架是否正确接触。在将汽车提升约 15 cm 时，摆动汽车以确认它在千斤顶上是否平衡。假如有任何的振动或刮削声，则意味着汽车没有锁定在正确位置。此时，应降下千斤顶，将缓冲器与汽车重新定位，按前述方式再试一次。将汽车升至全高度后，在进入车下工作之前，合上安全制动装置。在汽车提升时不允许任何人留在车中。

（18）所有在汽车制造厂维修手册中列出的螺栓、螺母和其他紧固零件，在汽车的安全作业中是极为重要的，对这些专用零件的疏忽可能引起严重的事故，因此，必须遵守制造厂规定的扭矩等技术数据。

（19）使用各种电动或气动机械工具（如磨光机、抛光机等）进行作业时，其操作人员缺乏相关知识（机具的性能、使用方法、注意事项等）时不要冒险操作，只有在得到正确指导以后才能使用工厂的工具或完成修理作业。另外，还必须熟悉各种涂装机具的保养、维护等知识，以确保作业安全。

（20）在高处作业时，如在大型客车或大型卧铺客车顶上操作时，应使用相应高度的工作台或工作架。大批量作业应使用自动升降式工作台，确保安全。在使用简易工作台或工作架时，应注意牢固平稳、高度适中、便于操作和安全可靠，以免发生跌落摔伤等意外事故。

（21）采用静电喷涂作业时，应注意下列安全事项：
①工件与喷枪的距离不得小于 20 cm；
②作业周围不得有孤立导体存在，以防积存大量的电荷，产生触电危险；
③工件中的挂具要清洁，且不能绝缘，否则工件就变成孤立导体而产生电容放电现象；
④静电喷涂操作时，作业人员尽量不穿绝缘或站在绝缘物上，以防发生电击；
⑤喷涂时的照明灯应采用防爆式和罩灯式，确保安全；
⑥静电发生器要距喷涂室 5 m 以上，距照明及动力线 0.5 m 以上，工件距墙壁 0.5 m 以上为佳；
⑦喷涂时周围不应有易燃物质，要保持一定的通风量。

（22）涂装作业人员一定要熟练地掌握施工中的各项操作和工艺流程，熟悉所用化工原料和涂料产品性能，掌握生产中的安全防护技术。新作业人员要先进行安全作业规程知识培训后才能上岗，以防发生作业安全事故。

可能引起作业安全事故的操作如图 1-1 和图 1-2 所示。

图 1-1　可能引起作业安全事故的操作例 1

图 1-2　可能引起作业安全事故的操作例 2

### 3. 车间防火安全

汽车车身修复涂装作业的火灾危险性与所使用的涂料种类、用量、涂装场所等条件有关。

1) 车间内涂装工作产生火灾的原因

（1）气体爆炸。由于喷涂车间或喷气烤漆房太小，加之换气不良，充满溶剂蒸汽，因此在达到爆炸极限时遇明火（火星或火花）就会引起爆炸。

（2）电气设备选用不当或损坏后未及时维修。照明器具、电动机、开关、配线等在危险场合使用，在结构上防爆考虑不充分，有火花产生的危险。

（3）残余溶剂、废漆、漆雾末、废弃遮蔽物、残留有机溶剂或涂料的废抹布等如保管不善，堆积在一起易产生自燃。

（4）不遵守防火规则，防火安全意识淡薄，在涂装现场使用明火或抽烟。

2) 消防安全设备

消防安全设备包括消防栓、烟感器、温感器、灭火器等。灭火器可配备用于 B 类火灾，即易燃液体火灾的类别，如二氧化碳灭火器、干粉灭火器和泡沫灭火器。

二氧化碳灭火器具有不含水分、不导电、不损害物质、不留污迹等特点，适用于扑灭电器、精密仪器等火灾，使用时要防止皮肤因直接接触喷筒和喷射胶管而造成冻伤。在使用二氧化碳灭火器灭火时，会减少火场的氧气量，在空气不流通的环境下会有窒息的风险，因此不适合长时间使用，且使用后必须尽快离开现场。

泡沫灭火器由于喷出的泡沫中含有大量水分，故不适用于电器火灾灭火。烤漆房内有动力系统和很多照明灯，如果发生火灾，使用泡沫灭火器时需要非常小心。故汽车维修企业一般更适合配备干粉灭火器。

需要在放置灭火器处的明显位置张贴标识，放置高度要保证方便拿取，应放置在高度为 0.08~1.5 m 的位置。另外需要在灭火器上附上维护表，以做好维护记录。

3) 涂装维修车间的防火及防爆措施

（1）严禁吸烟和明火作业。

涂装维修车间应张贴严禁吸烟标识及严禁明火标识，分别如图 1-3 和图 1-4 所示。

图 1-3　严禁吸烟标识

图 1-4　严禁明火标识

（2）安装通风装置。

在涂料库房、涂装作业现场及调漆间等涂料存储量大、有机挥发物浓度比较高的区域，应安装通风装置，换气次数应满足《工业企业设计卫生标准》（GBZ 1—2010）要求，调漆间应达到 9~12 次/h，涂料库房应达到 3 次/h。

（3）使用防爆电气设备。

在涂料库房等涂料存储量大、有机挥发物浓度高的区域，应使用防爆电气设备。

(4) 采取防静电措施。

调漆间、涂料库房等涂料使用量较大的区域，可采用防静电环氧地坪，避免静电引起火灾；调漆机、洗枪机等设备应采取防静电接地。

(5) 管理好涂料及废物。

在涂装作业现场不要存放过多的涂料，用完的涂料要及时盖好盖子密封，避免过多溶剂挥发。开封涂料要密封存放在经消防认证的防爆柜（见图1-5）内。要及时清理涂装作业现场产生的沾有易燃溶剂的物料，并将其丢弃于专业的防火垃圾桶（见图1-6）内。防火垃圾桶整体采用镀锌钢板结构，内外壁均喷涂环氧树脂涂层，并采用脚踏式开关，具有良好的封闭性能，能可靠存放油渍废弃物，防止火灾。

图1-5 消防认证的防爆柜

## （二）个人安全与防护

为保障操作人员的身体健康，涂装车间应有切实的卫生安全措施，并经常对操作人员进行卫生教育和培训，使操作人员具有必要的卫生安全知识，同时也是涂装质量获得保证的必要措施。

### 1. 身体的保护

肥大的衣服、未扣上的衬衣袖子、摇摆的领带、首饰及将衬衣悬在外面，这在车身修理车间都非常危险的。工作时需要穿上规定的涂装工作服，如图1-7所示。

在喷漆场地应穿着清洁的维修工作服或不起毛的工作服。脏的、被溶剂浸渍的衣服会积存一些化学物质，贴近到皮肤时就会导致疼痛、发炎或皮疹。一定要穿长袖工作服以保证安全。

图1-6 防火垃圾桶

工作裤要有足够的长度，以能覆盖到鞋的头部为佳，这是为了防止火花掉落在鞋上。尤其是在使用焊接设备时，为了增加焊接作业的安全性，焊接工应穿着工作裤、护腿或鞋罩。在作业中，上身应穿着围裙加以保护。

图 1-7 涂装工作服

如果不慎有汽车涂料进入眼睛,须马上使用洗眼器(见图 1-8)冲洗 15 min,然后去医院检查治疗。如果不慎有大量汽车涂料溅洒到身体上,须立即使用紧急喷淋装置(见图 1-9)冲淋,以快速冲掉身体上的涂料。

图 1-8 洗眼器    图 1-9 紧急喷淋装置

2. 人体头部的保护

从事涂装作业的操作人员最好都留短发。若为长发,在开始工作之前一定要将长发扎在头后,头发也必须防灰尘和防喷漆污染。在工作场地要始终戴帽子,在喷漆室要戴上喷漆防护罩,以保持头发的清洁。

车身修理技师应戴上安全帽,在车下工作时应戴上硬质安全帽,如图 1-10 所示。

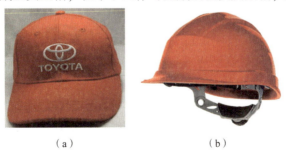

(a)         (b)

图 1-10 头部的保护用品
(a)安全帽;(b)硬质安全帽

### 3. 眼部及面部的保护

工厂各处均有大量飞扬的灰尘和碎屑等，可能会伤及眼睛，故眼睛需要保护。在操作磨床、砂轮机、钻床、气动凿等旋转设备，以及清除碎玻璃或在汽车车底工作时，应戴上清晰的安全防尘镜、护目镜或防护面具等保护用品。现在不少企业要求全体员工在工厂的金属加工和喷漆场地，即使已戴有一般眼镜，也还要戴上防尘镜或安全镜。因为在工厂的任何位置总可能有飞来物如灰尘、微粒或液体的喷溅物进入眼中。眼睛是不可能更换的，因此人人都应养成在工作场地戴安全镜、防尘镜或防护面具的习惯。保护用品如图1-11所示。

 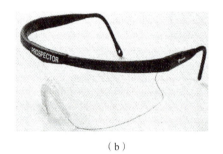

(a) (b)

图 1-11 保护用品

(a) 防护面具；(b) 护目镜

另外，在焊接时必须戴上有遮光的焊接头罩或焊接保护镜，它可以保护眼睛和面部不受飞溅物、熔化微粒和有害光线的伤害。太阳镜不能保护脸部不受伤害。

### 4. 呼吸系统的安全与防护

磨料的尘末、腐蚀性溶液和溶剂蒸发的气体、底面涂层和表面涂层的漆雾，都会给人的呼吸系统尤其是会对肺造成危害。因此，日复一日在污染环境中工作的工人易受到严重的危害。

即使工作场地通风良好，但仍需要呼吸保护器。呼吸保护器有通风帽式（供气式）呼吸保护器、滤筒式呼吸保护器和防尘呼吸保护器。

1) 通风帽式（供气式）呼吸保护器

异氰酸盐经常出现在汽车车身的喷漆中。暴露在异氰酸盐中，可引起多种健康问题，症状主要有：晕眩、腹痛和呕吐。如果一个人有过敏倾向或已经过度暴露于异氰酸盐的污染中，即使是低浓度也会发生非常剧烈的反应。供气式呼吸保护器穿戴舒适且不需要配合试验，它由半面罩、整面玻璃、帽盔组成，清洁的、可供呼吸的空气通过小直径的软管从单独的压气源供给，如图1-12所示。

供气式呼吸保护器由一台3/4 hp（约558 W，hp为马力）的小型无油气泵来供给空气。泵的空气入口必须位于清洁空气地区。有些工厂将泵装在墙外，远离作业区产生的污物和灰尘。如果必须用工厂的压缩空气，则应用收集器和炭末过滤掉油、水、屑片和异味。供给的空气必须有控制阀来匹配呼吸保护器的压力，并有一个在空气过热状况下自动鸣响或关闭压缩空气的装置（过热往往会引起一氧化碳对供给空气的污染）。

供气式呼吸保护器的空气源设备必须设置在远离喷漆场地且清洁、新鲜的空气环境中。

2）滤筒式呼吸保护器

假如表面整修的喷漆中不含有异氰酸盐，则可以采用一种带有机蒸气滤筒的滤筒式呼吸保护器，如图 1-13 所示。这种呼吸保护器可防止人体吸入非活性的磁漆、硝基漆以及其他非氰化物的蒸气和喷雾。这种呼吸保护器由适应人的面形并形成密封的橡皮面具构成。它包括可拆卸的前置过滤器和滤筒，用以去除空气中的溶剂和其他蒸气。呼吸保护器还有进气和排气活门，以保证所有进入的空气通过过滤器，使呼吸能顺畅进行。

图 1-12　供气式呼吸保护器　　　　　图 1-13　滤筒式呼吸保护器

使用滤筒式呼吸保护器时，要将其与面孔贴合以防止污染的空气从漏缝中进入，这一点非常重要。在使用滤筒式呼吸保护器之前，应进行定量的配合试验及正、负压检查。穿戴者应将手心放在滤筒上并吸气来检查负压。如面罩凹陷到穿戴者的脸上，则表明保护器与面部配合良好。穿戴者盖上呼气阀门并呼气做正压检查，如面罩鼓胀而无泄漏，则表明配合是合适的。另一种配合试验方法是将烷基醛酸盐（香蕉水）接近环绕面孔的封闭罩，如能正常呼吸且闻不到气味则表明配合是适当的。

滤筒式呼吸保护器有几种不同的规格，可装有或不装有面罩。大多数常用规格的保护器均可提供良好的保护。但是，穿戴者应当注意面部的毛发可能会妨碍面罩的气密性，给穿戴者的健康带来危害。因为面部毛发可能妨碍面罩贴紧面部从而影响呼吸保护器的效能，所以面部毛发多的操作人员应当采用正压供气的呼吸保护器。另外，滤筒式呼吸保护器只适用于通风好的场地，一定不能在含氧量少于 19.5% 的环境中使用。

滤筒式呼吸保护器的维护，主要是保持它的清洁，按照制造厂的说明定期更换前置过滤器和滤筒。以下是维修要点：

（1）当通过保护器进行呼吸出现困难时，应更换前置过滤器；

（2）至少每周更换一次滤筒，一旦发现有溶剂气味时应及早更换；

（3）定期检查面罩，确定其没有任何破裂或裂痕；

（4）将呼吸保护器保存在密闭的储器中；

（5）按照制造厂的说明书进行操作，以保证正确的维修和佩戴。

3）防尘呼吸保护器

使用防尘呼吸保护器可以防止吸入喷砂灰尘。车身修理厂喷砂作业会产生粉尘，被人吸入后能引起支气管炎，也可能长期地危害肺部。不论何时，技师和其他人员只要在靠近喷砂场地工作就应戴上防尘呼吸保护器，如图 1-14 所示。

按照说明书对防尘呼吸保护器进行正确的维修和佩戴。但应注意，防尘护罩不能防止吸入蒸气和喷漆雾。喷漆时，不能用它代替前两种保护器使用。

5. 耳部的保护

敲打钢板、喷涂工作中产生的噪声会使工人不能听到任何其他声音，如不采取适当措施足以使人耳被振聋。在金属加工车间工作时，要戴上耳塞（见图1-15）或耳机护套，以保护耳膜不受噪声伤害。

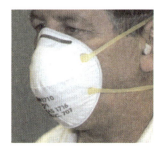
图1-14　防尘呼吸保护器

图1-15　耳塞

6. 手部的保护

为防止溶液、底漆及外层涂料对手的伤害，应戴上手套，在涂漆作业中应使用不透水手套，如橡胶手套（见图1-16）。手套的选择可参考手套材料安全数据表，粗厚强力手套应在准备工作时使用。在离开工作场地时要彻底洗手，以防止吸收任何有害成分。

洗手时建议使用适当的清洁剂。每天工作结束时要使用一种不含硅的护肤膏滋润皮肤，千万不要把稀释剂（如天那水）当清洁剂使用。

另外，打磨/抛光作业时，最好不要戴手套，尤其是不要佩戴纱手套，以防手套被旋转的抛光盘及轴卷起，伤及人手；同时，也方便一边打磨/抛光，一边用手触摸打磨/抛光的质量。

7. 脚部的保护

穿上有金属脚尖衬垫（如钢板衬垫）及防滑鞋底的安全工作鞋（见图1-17），金属衬垫可保护脚趾不受落下物体的伤害。好的工作鞋会使长时间站立的工作者感到舒适，但决不能穿运动鞋或连衣鞋，它们不能为操作者提供相应的保护。喷漆时，许多技师喜欢穿上使用方便的鞋盖。实际上，使用更方便的鞋套、鞋罩进行保护的方式已经被维修企业广泛采用。

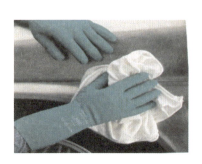
图1-16　橡胶手套

图1-17　安全工作鞋

项目 1 涂装车间安全与环境保护

#### 8. 临时急救

涂装生产车间应备有药棉、酒精、紫药水、碘酒、6% 硼酸以及其他急救药物（见图 1-18），并指定 1~2 名责任心强，又有一定医药知识的专人保管。对从事有毒作业的操作人员应定期进行体检，如发现中毒，必须及时采取措施。

### ⚙ （三）环境保护

汽车涂装作业对车体起保护车身基层、延长使用寿命、装饰车体外观等作用，但是不管是在新车制造，还是在车损修复中所进行的涂装作业都会产生大量的废气、废水和废渣，即工业"三废"。如果不进行治理，一定会造成环境污染，成为影响人民群众日常生活的公害。政府出台了一系列法律法规，强化对涂装作业中产生的"三废"进行处理。"三废"治理已引起了从事涂装施工企业的高度重视。

图 1-18 急救药物

#### 1. 国家环保法规要求

VOC（Volatile Organic Compounds），即挥发性有机化合物。所有的有机溶剂均为 VOC，单位为 g/L。常见的有机溶剂有苯、甲苯、二甲苯、苯乙烯、三氯乙烯等。常见涂料的 VOC 含量如图 1-19 所示。

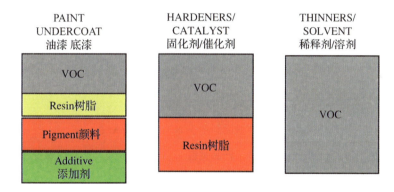

图 1-19 常见涂料的 VOC 含量

以涂装车间每周平均混合 4 L 底色漆为例，使用水性汽车修补漆，每年可减少大约 115 kg 的 VOC 排放，相当于一百多辆车一整年的尾气排放量。

不同体系汽车修补漆中 VOC 排放量比较如图 1-20 所示。

VOC 能促进臭氧的形成，臭氧会导致光化学污染（光雾），从而降低空气质量和水质量，对树木及谷物造成有害影响，继而降低整体环境质量。

VOC 与臭氧的关系如图 1-21 所示。氮氧化合物（如汽车尾气）、VOC 及高强度阳光照射导致了臭氧的形成。

不同国家对 VOC 的定义有所不同，世界各国都制定了严格的控制 VOC 排放法规，促使涂装生产采用低污染涂料并采用有效的污染治理措施。GB 24409—2020《车辆涂料中有害物质限量》规定了涂料中有害成分的最高允许比例，如表 1-1 和表 1-2 所示。

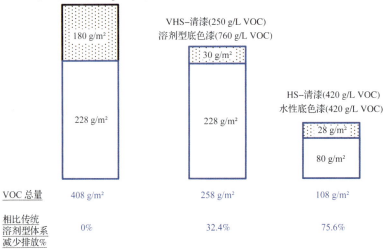

图 1-20 不同体系汽车修补漆中 VOC 排放量比较

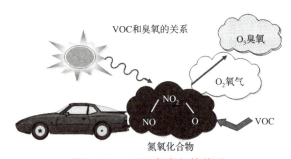

图 1-21 VOC 与臭氧的关系

表 1-1 水性涂料中 VOC 含量的限量值

| 产品类别 | 产品类型 | 限量值/(g·L$^{-1}$) |
| --- | --- | --- |
| 汽车原厂涂料<br>(乘用车、载货汽车) | 电泳底漆 | ≤250 |
|  | 中涂 | ≤350 |
|  | 底色漆 | ≤530 |
|  | 本色面漆 | ≤420 |
| 汽车原厂涂料<br>[客车（机动车）] | 电泳底漆 | ≤250 |
|  | 其他底漆 | ≤420 |
|  | 中涂 | ≤300 |
|  | 底色漆 | ≤420 |
|  | 本色面漆 | ≤420 |
|  | 清漆 | ≤420 |

续表

| 产品类别 | 产品类型 | 限量值/(g·L$^{-1}$) |
| --- | --- | --- |
| 汽车修补用涂料 | 底色漆 | ≤420 |
| | 本色面漆 | ≤420 |

表 1-2　溶剂型涂料中 VOC 含量的限量值

| 产品类别 | 产品类型 | | | 限量值/(g·L$^{-1}$) |
| --- | --- | --- | --- | --- |
| 汽车原厂涂料（乘用车） | 中涂 | | | ≤530 |
| | 底色漆 | | | ≤750 |
| | 本色面漆 | | | ≤550 |
| | 清漆 | 哑光清漆［光泽（60°）≤60 单位值］ | | ≤600 |
| | | 其他 | 单组分 | ≤550 |
| | | | 双组分 | ≤500 |
| 汽车原厂涂料［客车（机动车）］ | 底漆 | | | ≤540 |
| | 中涂 | | | ≤540 |
| | 底色漆 | | | ≤770 |
| | 本色面漆 | | | ≤550 |
| | 清漆 | | | ≤480 |
| 汽车修补用涂料 | 底漆 | | | ≤580 |
| | 中涂 | | | ≤560 |
| | 底色漆 | | | ≤770 |
| | 本色面漆 | | | ≤580 |
| | 清漆 | 哑光清漆［光泽（60°）≤60 单位值］ | | ≤630 |
| | | 其他 | | ≤480 |

汽车涂料对环境的影响主要是涂料中 VOC 的排放和废弃物的处置。维修企业减少 VOC 排放、降低污染的环保措施，主要有：

（1）使用低 VOC 排放的产品，如水性漆、高固体分溶剂型涂料，这是降低 VOC 最为有效和直接的方法；

（2）选择环保喷枪来降低涂料使用量，从而减少 VOC 排放；

（3）采用活性炭吸附法来降低废气中有害物质的排放，利用活性炭作为物理吸附剂，使废气中有机物吸附在活性面得到净化；

（4）按照国家环保法规要求处理涂装废物。

### 2. 废气处理技术

在车身涂装作业中造成大气环境污染的主要物质是有害气体和粉尘。散发到空气中的有害气体主要是溶剂蒸气和漆雾。溶剂蒸气是一种有害和有臭气的气体物质。一般液体涂料中溶剂含量为50%~60%（硝基漆含70%以上），这些溶剂在涂装中几乎全部挥发和排入大气中。在烘干时，除挥发出涂料中的全部溶剂外，还有分解气体排入大气中。另外，在喷砂、干打磨腻子时所产生的粉尘，同样污染空气，必须及时处理。

废气的处理通常有活性炭或油吸附法、触媒氧化分解法、直接燃烧法、气体洗净法等。考虑到汽车车身修复涂装的特点，比较适用的处理方法有活性炭或油吸附法、触媒氧化分解法（在200~400℃条件下靠触媒催化氧化来消除废气）。不管采用何种方法，最终排出的废气都必须符合有关规定才被认为合格。修复涂装的废气处理方法如表1-3所示。

表1-3 修复涂装的废气处理方法

| 处理方法 | 原理及主要控制条件 | 优点 | 缺点 |
| --- | --- | --- | --- |
| 触媒氧化分解法 | 在200~400℃下靠触媒催化；氧化停留时间为0.14~0.24 s | 装置较小；产生其他有害物质相对较少 | 催化剂及设备相对较贵；需要良好的预处理；表面异物附着易失效 |
| 活性炭吸附法 | 用活性炭吸附处理气体；流速为0.3~0.6 m/s；炭层厚度为0.8~1.5 m | 可回收溶剂；可净化低温低浓度废气；无须加热 | 需要预处理除去漆雾、粉尘、油等杂质；高温废气需经过冷却；仅限于处理低浓度废气 |

**3. 废水处理技术**

汽车表面涂装工作中产生的废水，主要是指喷涂过程中产生的废水。在喷涂过程中产生的废水含有残漆雾及有机溶剂，故必须进行处理。

涂装作业中的废水含有酸、碱、溶剂、树脂、颜料等污染物，这些物质的排放造成了水质污染，因此必须经过净化处理，使之符合工业废水的最高允许排放浓度和地面水水质卫生要求。

废水处理的主要方法如下。

（1）凝集沉淀法：即靠自然沉淀从水中分离污染物的方法。

（2）上浮分离处理法：适用于凝集物质密度比水小的场合。单靠与水的密度差分离称之为重力或上浮分离法。在凝集浮游物上附着细小的气泡，使其密度减小，浮在废水表面上分离的方法，称之为加压上浮分离法。

（3）离子交换法：利用离子交换树脂基体上的离子交换基和水中同符号的离子相互交换的方法。

（4）膜分离法：用膜透过溶液使物质分离的方法。

（5）生化处理法：靠自然界中存在的细菌等微生物作用进行分解的废水处理方法。

**4. 废渣处理技术**

涂料在使用过程中，除了产生废气、废水外，还产生一些固态废物，如含有机溶剂的残渣、过期的产品、沾有涂料的一些清洁布等。

汽车车身表面修复涂装而产生的废渣主要有以下几种：

（1）漆前处理过程中产生的各种沉淀物，如锈蚀残渣等；

（2）清理涂料容器时产生的各种凝固层或凝块涂料；

（3）清理喷涂室、烘干室及涂装设备时所产生的各种凝固层或凝块涂料；

（4）水性树脂涂料所产生的各种残渣；

（5）在涂装水处理过程中产生的各种残渣。

这些废渣的成分大多呈固态或半固态状，如腻子、废漆渣、旧涂膜等，如果不进行适当的处理，随意丢弃，不控制排放，对人类所处的自然环境会造成一定的危害。对于修复涂装所产生的各类废渣，能回收利用的进行回收利用，不能回收利用的，根据《工业企业设计卫生标准》及废渣处理规定等有关法律法规，在适当的场所进行无害化处理。

无害化处理有混凝土固化、塑料固化、沥青固化等方法。实验表明，任何一种方法溶出实验都合格。此外，加工成砖块等有效利用，将成为经济的、最有效的无害处理方法之一。

## 三、项目实施

### 任务　个人安全与防护用品选择与穿戴

1. 在车间工作时，必须穿劳保鞋、穿着工装、戴工帽。
2. 在进行物体的搬运时，要求穿戴棉纱手套。
3. 涉及有灰尘工序作业时，必须佩戴护目镜、防尘口罩、棉纱手套。
4. 涉及有溶剂工序作业时，必须佩戴护目镜、防毒口罩、防溶剂手套。
5. 漆面涂装时，按照要求穿防静电服。
6. 涉及有噪音的作业环境，要求佩戴耳塞。

## 四、自我测试题

1. 填空题

（1）消防安全设备包括_____、_____、_____、灭火器等。

（2）在涂装工作过程中产生_____、_____和_____等"三废"容易污染环境。

（3）呼吸保护器有_____呼吸保护器、_____呼吸保护器和_____呼吸保护器。

（4）如果不慎有汽车涂料进入眼睛，须马上使用_____冲洗 15 min，然后去医院检查治疗。

2. 选择题

（1）汽车维修企业一般更适合配备（　　）火器。
A. 二氧化碳　　　　B. 干粉　　　　　　C. 泡沫　　　　　　D. 以上选项均正确

（2）工厂各处均有大量飞扬的灰尘、碎屑等，操作人员应戴上（　　）工作。
A. 防尘镜　　　　　B. 护目镜　　　　　C. 防护面具　　　　D. 以上选项均正确

（3）考虑到汽车车身修复涂装的特点，废气比较适合的处理方法不包括（　　）。
A. 活性炭吸附法　　B. 油吸附法　　　　C. 触媒氧化分解法　D. 直接燃烧法

3. 判断题

（1）将全部零件和工具整齐地存放在无人走动的地方，这样做不仅可减少人身伤害，而且可减少寻找工具和零件所耗费的时间。（　　）

（2）及时清理涂装作业现场产生的沾有易燃溶剂的物料，并将其丢弃于车间的垃圾桶内。（　　）

（3）如果不慎有大量汽车涂料溅洒到身体上，须立即使用紧急喷淋装置冲淋，以快速冲掉身体上的涂料。（　　）

（4）在通风良好的空间工作，就不需要佩戴呼吸保护器。（　　）

（5）打磨/抛光作业时，一定要戴手套，保护双手不受伤害。（　　）

（6）涂装前还需要加入稀释剂，稀释剂也是一种溶剂，这些溶剂基本上都是属于挥发性有机化合物。（　　）

4. 简答题

（1）简述汽车涂装作业人员的安全注意事项及防护措施。

（2）减少 VOC 排放、降低污染的环保措施主要有哪些？

# 项目 2
# 汽车涂料

## 一、项目描述

汽车涂料是汽车车身表面喷涂材料,一般是指涂装和修补汽车及其零部件所用的喷涂及辅助材料。汽车涂料用量大、品种多、性能要求高、涂装工艺特殊,已经发展成为一大类专用涂料。在汽车工业发达的国家中,汽车涂料是工业涂料中技术含量高、附加值高的品种,它代表着一个国家涂料工业的技术水平,在工业涂料的技术发展中处于领导地位。

1. 知识要求
(1) 了解汽车涂料的发展历史。
(2) 了解汽车涂料的 4 个组成部分。
(3) 掌握汽车维修用涂料的类型及特点。
(4) 掌握汽车维修用涂料的基本性能要求。
(5) 掌握汽车维修用涂料、工艺与原厂漆涂料、工艺的不同特点。

2. 技能要求
(1) 学会正确选择和使用各类涂装材料。
(2) 掌握正确完成涂料的使用及作业。

3. 素质要求
(1) 使用涂料时个人能正确进行安全防护用品的选用及穿戴,具备车间安全意识。
(2) 5S 管理、改善环境保护。

## 二、相关知识

### (一) 汽车涂料的发展史

人类生产和使用涂料已有悠久的历史。西班牙阿尔塔米拉洞窟的壁画(见图 2-1)、法国拉斯科洞穴的岩壁绘画(见图 2-2)、中国仰韶文化时期残陶片上的漆绘花纹(见图 2-3)等大量考古资料证实,公元前 5000 年新石器时代,人们就使用野兽的油脂、草类和树木的汁液、天然颜料等配制原始涂饰物质,用羽毛、树枝等进行绘画。

图 2-1 西班牙阿尔塔米拉洞窟壁画

图 2-2 法国拉斯科洞穴岩壁绘画

项目 2　汽车涂料

汽车涂料的历史可以追溯到 20 世纪初。相较于金属、木材和石头面漆，汽车涂料的出现时间更早。但是直至 1900 年左右，才出现真正应用于交通工具的涂料。在亨利·福特（Henry Ford）创办福特汽车公司 6 年后（大约 1910 年），汽车涂料的应用才开始兴起。这个时期的涂料是马车和双轮单座的轻马车时代的延续产物，属于清漆范畴，类似于旧式木器漆，这种喷涂方法是在表面刷上涂料，待其干燥后，用砂纸打磨至一定厚度，再进行抛

图 2-3　中国仰韶文化陶片

光即可（见图 2-4）。那一时期，车辆的颜色单一，并且喷涂一辆车需要花费 40 天。这种汽车喷涂工艺一直延续到 20 世纪 20 年代中期。

图 2-4　早期汽车涂料

在 20 世纪 30 年代初期，汽车工业开始使用基于醇酸树脂发展起来的"烘瓷漆"。起初该产品的应用与更早的"清漆"类似。最初使用烘瓷漆的原因是其具有更高的光泽度，同时黏度更高，应用更便捷。1930—1940 年间，一名牙医发明了"喷枪"。比起刷涂方式，使用喷枪效率更高。由于它能减少砂纸打磨的工作量，并且更均匀地喷涂产品，所以在使用喷枪以后，从前 1 个月的工作量，现在只需 1/3 的时间便可完成。直到 20 世纪 50 年代，汽车制造商广泛使用烘瓷漆及其工艺。

20 世纪 70 年代中期，涂料的原材料供应商明显增加，如 BASF、Axalta、PPG 等厂商，扩大了汽车制造商的选择范围。今天所运用的底漆清漆和底漆/面漆喷涂工艺都源于该时期的试验，这些试验的目的是为了提高光泽度和着色深度。在 20 世纪 70 年代后期，该工艺得到进一步完善，但是清漆的耐候性较差，直到 20 世纪 80 年代，制造商才发明解决这一问题的技术。由于消费者更换汽车的周期通常为 5 年，因此汽车制造商要求清漆的耐候性至少为 5 年。

在 1975—1985 年间，政府开始关注涂料的成分，并关注其对于人、植物和空气的影响。从那时起，业内开始致力于降低 VOC 的研究。经过几年的快速发展，当今的涂料体系——底漆/清漆和底漆/面漆已经非常完善，如今的产品具有出众的色彩、鲜艳的色泽、耀眼的光泽（见图 2-5），只需适当保养就能维持长久的美观度。喷漆工艺包括 3 个步骤：底漆喷涂或电泳底漆→面漆喷涂→清漆喷涂。经过这些工序的冲洗和烘烤，汽车外观变得完美无瑕，当今所有汽车涂料的 VOC 挥发量都低于标准，同时也严格遵守环境保护的相关配方规定。如今，有些汽车制造商又开始致力于生产和优化水性漆的研究（见图 2-6）。

图 2-5　现代汽车车漆

图 2-6　汽车水性漆

## （二）汽车原厂漆涂料

**1. 汽车涂料的定义与作用**

1）汽车涂料的定义

汽车涂料一般是指涂装和修补汽车及其零部件所用的喷涂及辅助材料。涂料应用于物体表面之上，经过特定的物理变化及化学反应，形成连续性漆膜，使该表面与空气隔绝，能很好地延长各种材料的寿命，美化及改善工作环境和生活环境，并起到一定的保护、装饰及标志作用。

汽车涂料用量大、品种多、性能要求高、涂装工艺特殊，已经发展成为一大类专用涂料。在汽车工业发达的国家中，汽车涂料是工业涂料中技术含量高、附加值高的品种，汽车涂料代表着一个国家涂料工业的技术水平，在工业涂料的技术发展中处于领导地位。其主要品种有汽车底漆、汽车面漆、罩光清漆、汽车中间层涂料、汽车修补漆等。

随着涂层质量要求不断地提高、产量的增加、涂装技术及合成化学工业的进步，以及使用环境和环境保护要求的变化，世界汽车涂料在近百年中已实现了 4 次大的更新换代：油性漆→硝基漆（汽车喷漆）→以醇酸和酚醛为主的合成树脂涂料→电泳涂料和优质合成树脂（环氧、氨基醇酸、丙烯酸、聚酯、聚氨酯等）涂料→环保型（即低 VOC）涂料等。

2）涂料的作用

（1）保护作用。

车辆外壳主要由钢板组成，如果钢板裸露就会与空气中的氧气、水反应产生锈蚀，如图2-7所示。涂料可以起到阻止锈蚀产生的作用,保护车辆表面。

图2-7　汽车车身锈蚀

(2)美化作用。

车身的外形是由各种线和面组成的,如垂直面、平面、曲面、直线和曲线等。进行喷涂的另一个主要目的就是改善车辆的外观,如图2-8所示。

(3)提高档次。

比较2种外形和工作性能相似的车辆时,就可以发现具有完美喷涂效果的车辆在市场上的销售价格较高。进行车身表面喷涂可以提高车辆的档次,如图2-9所示。

图2-8　汽车彩绘　　　　　　　图2-9　汽车车漆

(4)颜色区分。

进行车身表面喷涂还有一个目的是,通过不同的颜色和标记使得各种车辆容易区分(如警车、消防车等),如图2-10所示。

图2-10　警车和消防车

2. 涂料的成分

汽车涂料基本上是由3种成分组成,另外有一些顶层涂料是由4种成分组成:颜料(色素/金属碎片或珍珠粉末)、黏结剂、溶剂、添加剂(部分面层涂料)。

1) 颜料

颜料为细粉状,如图2-11所示。它或是天然矿物、金属粉;或是化学合成的无机化合物、有机染料。它使涂料带上色彩,并具有持久性。除了具有附着性和遮蔽性之外,颜料还有增加涂层的厚度,提高漆膜的耐热、耐磨、防锈等特殊性能。颜料颗粒的大小和形状也很重要,颗粒的大小影响涂料的遮蔽性,颗粒的形状则会影响涂层的强度。颜料颗粒有近似球形、杆形和片形等多种形状。

图2-11 粉末颜料

2) 黏结剂

黏结剂是涂料中另一种不挥发的成膜成分,它使色素保持液状,并能持久地附着在车身表面。黏结剂是涂料的骨架。

黏结剂通常由天然树脂(如松香)、干性油(如亚麻仁油、棉籽油)或人工合成树脂(如异丁烯酸甲酯、聚氨基甲酸乙酯、聚苯乙烯、聚氯乙烯等)制成。由于黏结剂有一个逐渐变干的过程,因此它决定了涂料的类型。

黏结剂通常可以利用塑化剂和催化剂来改善一些特定的性质,如持久性、防腐性、防损性、柔韧性等。

3) 溶剂

溶剂(有时也称为载体)是涂料的挥发部分。大多数溶剂都是由天然油制成的。溶剂的主要功能是使涂料调到能满足在制造和施工中的某些要求。溶剂是由真溶剂、助溶剂和冲淡剂配制的混合物。高质量的溶剂可以增加涂料的光泽,减少涂料中的结晶结构,从而可以减少抛光的工作量。溶剂还有助于提高颜色匹配的精确度。

除了涂料中的溶剂,还可以利用稀释溶剂使涂料获得合适的黏稠度。

4) 添加剂

添加剂在涂料中的比例最多不超过5%,但它却起着关键性作用。有些添加剂可以促使涂料干燥并增加涂料的光泽;有些则具有复合的功能——如减少涂层的皱褶,加快涂料彻底凝固(最后的干燥过程)的速度,防止涂层发蒙(看上去好像覆盖着一层薄雾),另外,添加剂还有提高防止化学溶液腐蚀的性能。

以水为稀释剂的则称为水性涂料。

**3. 汽车原厂涂装工艺步骤及功能**

图2-12为汽车原厂涂装工艺流程。汽车原厂涂装工艺主要步骤及功能如下。

1) 磷化处理

磷化处理也称涂装的前期处理,在对车身钢板进行脱脂清洗后,涂上一层磷酸锌,在基材表面形成一层磷化膜,以增强防锈能力以及涂料的附着力。

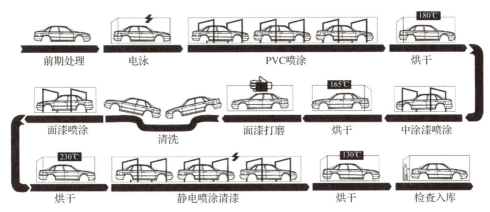

图 2-12 汽车原厂涂装工艺流程

2）电泳工艺

电泳工艺就是为车身表面涂上一层底漆，在电解槽内进行电解处理，使涂料离子在电场力作用下在车身表面沉积成膜，主要作用是防腐蚀。

汽车原厂涂装
工艺流程

图 2-13 汽车电泳

3）PVC 喷涂

PVC 喷涂是针对汽车底盘，进行底层处理与车身封闭，起到提高汽车底盘防腐蚀能力、减噪消音等作用的工艺。

4）中涂漆喷涂

中涂漆是非常重要的涂层，中涂漆覆盖于车身所有外表面，能吸收灰、砂等对漆面的冲击力，加强底漆与面漆之间的附着力，对电泳表面有良好的填充作用。

5）面漆喷涂

面漆喷涂由色漆喷涂和清漆喷涂组成。色漆主要是满足用户对不同颜色的需求。清漆物理化学性能稳定，除了使汽车外观更美观以外，同时也改善漆面抗划伤、抗酸腐蚀、抗老化能力，提高漆面耐候性、耐紫外线性能以及光亮度指标。

图 2-14 为汽车涂装原厂漆的涂层结构。

## （三）溶剂型修补漆涂料

车身表面涂料主要有底漆、面漆、罩光清漆、中涂层涂料、修补漆等，修补涂层分解如图 2-15 所示。

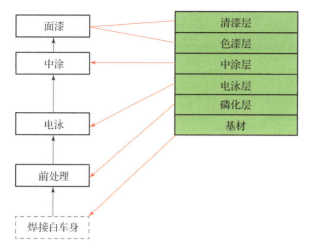

图 2-14 汽车涂装原厂漆的涂层结构

表面处理材料

典型的车身表面组合涂层是由 2 种或 2 种以上不同涂料喷成的涂层组成。

### 1. 底漆

底漆是底涂层中直接与金属板面接触并附着在预处理表面上的涂层。对所有的待修涂装表面，涂底漆是车身表面修复涂装工艺的一道必备工序，在实际作业过程中经常被忽视。汽车车身修复涂装中，底漆涂料既可以用于裸露金属表面，也可以用于覆盖旧漆

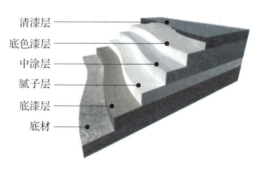

图 2-15 修补涂层分解

面。其主要功能是牢固附着于物体表面，为整个涂膜提供牢固的基础，使其与被涂装物结合成为一体。直接喷涂或刷涂在裸露金属表面的底漆都能起到良好的保护作用及耐腐蚀性能。

### 2. 原子灰

原子灰属于中涂层涂料，具有良好的塑性，又称为塑性填充剂。原子灰的组成同其他涂料相似，是由树脂、颜料和溶剂混合而成。原子灰可与空气中的氧气反应而硬化，但为了加速其硬化，使用原子灰时，应按规定比例添加硬化剂。原子灰涂敷到表面之后，随着溶剂的挥发，将颜料黏结在一起，形成一层坚固耐久的薄膜覆盖在物料表面。加入硬化剂后，温度对硬化时间有影响。

原子灰在硬化过程中，由于化学反应会放出大量的热，因此不能将未用完的原子灰丢弃在装有溶剂浸湿过的纸或布的垃圾箱内，以免引起火灾，而应丢弃在冷水中。

原子灰硬化后，会在金属表面形成石蜡涂层，对金属形成一层保护膜，防止它吸收空气中的氧气。因此，在喷漆前必须用蜡和去油脂的清洁剂来清除这一保护层，才能保证良好的喷涂质量。

原子灰含有对人体有害的化学成分，因此，在打磨原子灰层时应带防尘面罩，以免有害的粉尘伤害眼睛、嗓子、肺部。

另外，在实际施工中，还经常使用到填眼灰这种特制的原子灰。它由高树脂、细滑石粉、微型球玻璃颗粒组成。原子灰在打磨过程中产生的微小坑洞、针孔、划痕等缺陷，可

使用填眼灰来填充，再打磨平整，即可形成良好的表面。

### 3. 中涂底漆

中涂底漆是介于底漆层与面漆层之间的涂层。如果通过刮涂原子灰还不足以弥补表面缺陷，就可以通过喷涂中涂底漆涂料来进一步弥补。中涂底漆涂料具有良好的流平性和刮痕填平性，可以平整被修复表面的微小划痕及小坑、消除缺陷、增加涂层厚度，为喷涂面漆提供良好的基础。中涂底漆还能减少面漆层的溶剂向底涂层渗透，提高面漆涂层的附着力和装饰性（丰满度及光泽度），保证其具有一定的弹性和韧性，并能增强整个涂层的抗石击性。中涂底漆涂料一般为灰色或黄色，为节省面漆材料和简化车身内部漆装工艺，中间底漆一般与面漆同色。

### 4. 面漆

汽车涂料的颜色是光反射的结果。人们肉眼看见的颜色是物体表面反射的光波类型和数量的反应。当这些光波投射到视网膜上后，就会转化成大脑所能分析颜色的电波。同样的颜色在阳光下与灯光下的效果存在一定的差别。因此，在阳光或平衡的灯光下检查颜色的协调效果是非常重要的。

面漆的分类方法很多，按颜色效果可分为素色漆、金属漆；按成膜物质种类可分为硝基漆、醇酸漆、丙烯酸漆等；按固化机理可分为溶剂挥发型、氧化型、交联反应型等；按施工工序可分为单工序、双工序、三工序等。每种分类方法可能会相互交叉。

1）按颜色效果分

（1）素色漆。

多年以来所有的车辆喷涂的都是单色的颜色漆，如黑色，白色，棕黄色，蓝色，绿色，红褐色等。这些颜色是由大量的不透明色素组成的。不透明的色素截住太阳光，只吸收某种颜色的光线。也就是说，单色涂料的颜色越深，它吸收的光线就越多，而反射的光线就越少。黑色吸收的光线较多，反射的光线较少；而白色吸收的光线较少，反射的光线较多。抛光后单色漆只能反射一个方向上的光线。目前仍然有单色的漆，但其比例已经开始下降。

（2）金属漆。

金属（或多色）漆含有许多悬浮在液体中的小金属片。小金属片和颜料混合后产生不同的颜色效果。这种效果与金属片在涂层中的位置有关。金属片的位置和涂层的厚度影响着车身表面整体颜色的效果。小金属片反射光线，金属漆吸收光线。涂层越厚，吸收的光线就越多。

如果金属漆是干喷的（见图 2-16），则小金属片在表面附近以不同的角度被截住。光反射不均匀。光能穿过的薄膜较少，所以只有小部分光被吸收。不均匀的光反射和极少的光被吸收使得涂层表面具有多彩而明亮的金属色效果。

如果金属漆是湿喷的（见图 2-17），则小金属片有足够的时间稳定，所以可以平行排列并沉淀到涂层底部。光反射是均匀的，并且因为光线可以穿到涂层的深处，增加了被吸收的光线，从而使涂层表面具有较深暗的颜色。

2）按施工工序分

（1）单工序面漆：指喷涂一种涂料即形成完整的面涂层的喷涂系统。

（2）双工序面漆：指喷涂 2 种不同的涂料才能形成完整面涂层的喷涂系统，通常是先

图 2-16 干喷的金属漆

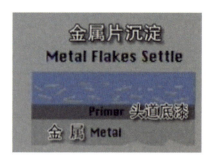
图 2-17 湿喷的金属漆

喷涂色漆，然后再喷涂罩光清漆，2 种涂层共同构成完整的面涂层。色漆通常包括素色漆、银粉漆、珍珠漆。素色漆含有素色颜料，银粉漆含有铝粉，珍珠漆含有云母颜料。由于铝粉和云母颜料都是金属或金属氧化物，因此银粉漆和珍珠漆统称为金属漆。

（3）三工序面漆：一般是采用珍珠漆，先喷一层底色漆，然后喷一层珍珠漆，最后喷罩光清漆，3 个涂层共同构成完整的面涂层。三工序珍珠面漆的效果丰富，但施工及修补相对比较复杂。

5. 清漆层

双工序底色漆及三工序底色漆喷涂完成后，再根据产品特性，进行充足的时间闪干后，就可以继续喷涂清漆，清漆的作用是提供亮度、保护色漆及其颜料并提高其耐久性。

## （四）水性修补漆涂料

中华人民共和国国家质量监督检验检疫总局及中国国家标准化管理委员会于 2020 年 3 月 4 日共同发布中华人民共和国国家标准 GB 24409—2020《车辆涂料中有害物质限量》，2020 年 12 月 1 日开始正式实施。制定 GB 24409—2020 的目的是有效降低汽车制造及涂装工艺的能耗和 VOC 排量。溶剂型金属底色漆是 VOC 排放的主要来源，为缩小我国环保汽车涂料的应用与国外发达国家的差距，水性、高固体及粉末涂料是世界汽车涂料技术发展的必然趋势。

1. 水性漆概念

水性漆以去离子水作为油漆的主要溶解物，是能有效减少油漆中 VOC 含量的油漆。

2. 环保水性漆的特性

环保水性漆符合当今以及未来法律法规的要求，可降低 VOC 排放，降低臭氧形成，减少光化学污。环保水性漆特性及优点如表 2-1 所示。

表 2-1 环保水性漆特性及优点

| 特性 | 优点 |
| --- | --- |
| 水性漆产品 | 符合当今以及未来的法律法规的要求，重涂于敏感性底材上不会发生反应，改善工作环境 |
| 容易施工 | 便于由使用溶剂型产品转变到水性产品，与标准钣喷车间的设备兼容性佳 |

续表

| 特性 | 优点 |
|---|---|
| 驳口工艺简单，表面效果好 | 减少工作时间，提高生产力 |
| 使用方便 | 便于培训新的喷漆工人 |
| 光滑的色漆外观 | 配套使用高性能透明清漆可以得到卓越的漆膜外观及高光泽，而且表面效果清澈透亮 |
| 色母无须搅拌 | 颜色准确，无须搅拌装置，节省空间和能源，减少噪声 |
| 色母遮蔽力强 | 最多能节省大约30%的原料，颜色遮蔽性能好，施工时间短 |

另外，环保水性漆还有助于主机厂提升品牌认知度，吸引车主，提高车主对品牌服务的依赖。还能改善施工作业工作环境，有利于施工者的身体健康。

3. 溶剂型漆和水性漆比较

水性漆遮蔽力明显高于溶剂型漆，只需50%~75%的膜厚即可达到相同的遮蔽效果。喷涂同一部件，水性漆比溶剂型漆调配后用量节省可多达30%。总体费用成本基本持平。

水性漆喷涂技术很容易掌握，可以很快掌握最佳喷涂手法以发挥水性漆遮蔽力好的优势，使油漆用量最少，干燥速度最快。

水性漆与溶剂型漆在施工工艺上存在较大的差异，对比溶剂型漆与水性漆喷涂用时，水性漆较溶剂型漆平均总用时缩短75%。

4. 色母储存

色母必须存储在5~35 ℃的环境中，以最大限度保持其稳定性（夏天保温柜不需要通电）。推荐在能够控制调节温度的环境下进行混合调色，避免暴露在冰冻或霜冻环境中。没有加稀释剂的水性色母漆可以保存1年，温度符合要求的环境，色母保质期为4年；加稀释剂的水性色漆保质期为3~6个月，使用前要搅匀。

## （五）涂装辅助材料

1. 稀释剂

稀释剂的基本功能是降低底漆涂料和面漆涂料的黏稠度，否则这些涂料会因为浓度太高而无法进行喷涂作业。因此，必须正确使用稀释剂。

1）性能要求

（1）材料的稀释程度必须合适，这样才能正确地通过喷枪，并容易雾化。

（2）材料在液态时，应有足够时间流动以形成平滑的涂层，但不能形成流挂。

（3）应让溶剂完全蒸发，使涂层坚固、光滑和持久。

（4）进行局部修理时，融合瓷漆和清漆涂层需要使用一定辅助手段。

这种溶剂虽然可用于清洗喷涂设备，但是在清洗皮肤上的涂料前，先检查生产厂家在产品包装上是否给出了警告。一些和新型涂料一起使用的溶剂包含会导致皮肤产生皮疹或发炎的物质。因此，清洗皮肤上的溶剂后，必须立刻把该处的皮肤用清水冲洗干净。

2）不同类型的稀释剂

（1）慢速干燥型溶剂。

当使用慢速干燥型清漆溶剂进行湿喷涂时，闪蒸的时间在23.9 ℃（75 ℉）下约为3.5～5 min。

（2）中速干燥型溶剂（标准型）。

当使用中速干燥型清漆溶剂进行湿喷时，闪蒸的时间约2 min。

（3）快速干燥型溶剂。

当使用快速干燥型清漆溶剂进行湿喷涂时，闪蒸的时间在22.2 ℃（72 ℉）下约为15～20 s。

（4）延迟干燥型溶剂。

延迟干燥型溶剂的干燥速度非常慢，在23.9 ℃（75 ℉）下进行湿喷涂时，闪蒸时间约为30 min。

3）影响喷涂的关键因素

影响喷涂的关键因素是温度和湿度。除非喷涂车间配备有温度控制装置，否则必须注意观察温度和湿度的变化，注意选择合适的溶剂进行混合。

下面介绍温度和湿度对喷涂材料的影响。

（1）热而干燥的气候可以使干燥速度加快。

（2）热而潮湿或温暖而干燥的天气也可以使干燥速度变快，但相比热而干燥的情况要慢一些（高湿度会产生其他的问题）。

（3）在正常的条件下，21.1 ℃（70 ℉），45%～55%的相对湿度，干燥速度正常。

（4）寒冷而干燥的天气下，干燥的时间要比正常的时间要长。

（5）寒冷而潮湿的天气，干燥的时间最长。

选择合适的溶剂时，记住：车间的干燥情况越好，就选择干燥速度越慢的溶剂；在热而干燥的气候中，应使用慢速干燥型溶剂；在冷而潮湿的气候中，应使用快速干燥型的溶剂。

如果溶剂蒸发过快，就可能产生下列的问题。

（1）橘皮。

喷涂形成的小液滴在达到修理表面并流动之前就已经干燥了的现象会使表面粗糙。对喷涂瓷漆面层涂料而言，这种情况叫作橘皮。对喷涂清漆涂料而言，这种情况叫作喷涂发干。当喷涂底层填实涂料出现这种情况时，就需要加强打磨以使涂层表面平滑而适于喷涂面层涂料。而对于清漆型面层涂料，则需要加强抛光以使涂层表面光滑而富有光泽。

（2）涂层混浊。

在热而潮湿的气候中，稀释剂在离开喷枪时部分被蒸发，也有部分在撞击喷涂表面时蒸发。溶剂蒸发时会吸收热，从而使空气中的水分凝结成水滴，并和喷雾相混合。当喷雾达到喷涂表面形成薄膜时，吸收了冷却的水球，从而使涂层看起来发暗及模糊。

（3）过度喷涂。

与喷涂发干相比，过度喷涂发生在涂层相互重叠的地方（如果使用慢速干燥型的溶剂稀释涂料，过度喷涂的现象通常会溶入喷涂过的地方）。

另一方面，如果稀释剂蒸发过慢，又会出现下列问题。

（1）流挂或流泪。

涂料达到喷涂表面之后必然会损失部分溶剂。如果蒸发得过慢，液滴就会趋于流动，从而受重力的作用沿喷涂表面向下滑动或滚动。在蒸发过慢的情况下，流挂或流泪是最常见的问题。

（2）砂痕膨胀。

干燥非常缓慢的稀释剂会透过旧涂层，使砂痕出现膨胀，砂粒刮痕更加明显。

（3）斑点。

当金属漆喷涂得过湿的时候，金属片就会漂浮并聚集到涂层的表面，破坏面层的外观。

不正确使用稀释剂还会发生其他问题，但是上述包括了最普遍的情况。选用稀释剂的最佳准则是选择干燥最慢的稀释剂，以避免产生流挂或流泪及斑点（在金属面层中），一般还可取得最佳的颜色配合。喷涂面层涂料所需的抛光时间最短，可以改进大多数底漆涂料的性能（如缩短底漆涂料表面处理剂用砂纸磨光的时间以及使密封剂更好地流动）。

2. 固化剂

固化剂是一种具有催化作用的化合物，能与合成树脂发生化学反应而使其干结成膜。固化剂主要用于不能自干或需要烘烤才能干结成膜的涂料中。

3. 催干剂

催干剂又称为干料，是一种能够加速漆膜干燥的液体或固体，对干性漆膜的吸氧、聚合作用起着类似催化剂的促进作用。

4. 抛光剂

抛光剂含有研磨剂、去污剂、还原剂、光亮剂等多种成分，用于漆面抛光，可去除中度划痕，不伤漆面，不留光环，漆面保持光亮感和深度感。

5. 其他面层修理材料

1）去蜡和油脂剂

涂层对喷涂表面的附着力首先取决于喷涂表面是否绝对清洁，不仅是物理清洁，还要化学清洁。哪怕是最薄的一层油脂、蜡或湿气等也会破坏涂层的附着效果。

去蜡和油脂剂（也称除蜡剂）是溶剂类涂料，可把旧面层上的部分已氧化的蜡和油脂溶解。去蜡和油脂剂应强到足以溶解在汽车抛光中使用的几种蜡，但是不要强到使旧面层受损。喷涂前，用沾满去蜡和油脂剂的擦布擦拭表面是除去脱皮和硅酸盐的最好方法。如果在修理面层前不把硅酸盐除去，就会在最后得出的面层上形成"鱼眼"。也可用添加剂或"鱼眼"消除剂来防止产生"鱼眼"现象。在使用"鱼眼"消除剂前必须彻底清洗表面。

2）金属洗涤剂和防锈剂

一些喷涂工作的连续性不理想，因为喷涂面层处的金属含有微观锈粒或锈坑。若不消除锈蚀作用和进一步防锈，这种锈蚀会持续下去，以致锈蚀的隆起效应最终导致油漆剥离。

金属洗涤剂和防锈剂都是酸性物质，与锈蚀接触时可把氧化铁（锈蚀）变为其他化合物。此化合物相当稳定，喷涂后不会发生进一步的氧化反应。

使用金属洗涤剂还可产生带负电荷的离子，所以带正电荷的喷雾附着在金属表面，加强了金属与涂层的黏合。这就是磷酸盐处理工艺的原理。金属洗涤剂还可酸洗金属，当然也可以提高填实底涂层的附着力。

3）摩擦化合物

摩擦化合物由水、油和磨粒化合物组成。磨粒的分类等级决定了摩擦化合物的优劣。必须认真控制磨粒的大小和硬度的一致性，尖锐而硬的磨粒或大小不一的磨粒会把表面刮伤而不能形成平滑的表面。机械抛光化合物适合动力抛光器和擦光器使用，其中列为摩擦化合物的是为了便于手工所用，磨粒很细的摩擦化合物称为抛光化合物。光泽化合物适用于精细面层，与抛光化合物相似，可用手工或机械操作。小面积最好用手工操作，较大的面积则以机械操作为宜。

4）后备箱的面层

后备箱的抗磨粒和防潮的喷涂面层是仿制原来的客车面层和载货汽车面层而特别设计的。大多数喷涂面层都用水还原，容易喷上。建议采用白底漆涂料。

5）乙烯树脂喷涂涂料

乙烯树脂是把挥发物质蒸发而进行干燥的，干燥快并形成永久性的柔性膜。把乙烯树脂液体涂在清洗干净的乙烯树脂上并用乙烯树脂调节剂进行预处理，可使两层薄膜实现化学黏合。清漆面层的作用主要是抗磨粒和具有适当的光泽。有些汽车面层修理车间在下车身板料上使用乙烯树脂喷涂油漆，这种抗磨的涂层可保护这些板料不被石块或其他飞物撞伤。

6）柔性添加剂

柔性添加剂可为大多数面层涂料提供柔性。柔性添加剂可与丙烯酸树脂喷漆、丙烯酸树脂瓷漆、聚氨基甲酸乙酯丙烯酸树脂瓷漆及丙烯酸树脂氨基甲酸乙酯混合，使保险杠和仪表盘等具有柔性。除增加柔性外，还可使面层涂料的基本特性不变。

其他还有几种添加剂可用来改进面层特性。例如，鱼眼消除剂可加入丙烯酸树脂瓷漆、丙烯酸树脂瓷漆基体涂料和清漆面层、合成瓷漆及氨基甲酸乙酯瓷漆中，使鱼眼受到控制。然而，鱼眼消除剂不适用于丙烯酸树脂喷漆。

7）防碰撞漆

大多数现代汽车都在门槛板上涂有防碰撞漆。与其他添加剂相比，防碰撞漆有较好的附着性和柔韧性，而且有助于防止由于石块撞击而引起锈蚀。

应在指定部位小心喷涂，以免降低防腐蚀效果。

8）防撞黑漆

防撞黑漆是一种半光泽或无光泽的瓷漆涂料，适用于门槛板。首先把周围区域盖好以防喷漆覆盖，然后把两组分氨基甲酸乙酯油手工漆喷在门槛板上。任何其他同类板件，如背板等需要减少光泽的，也应予以喷涂。

9）去油漆剂

市面上有许多种去油漆剂出售，修理车间普遍采用的化学去油漆剂是：

（1）主要用于喷漆类产品的去油漆剂；

（2）适合去除各种面层油漆（包括瓷漆和氨基甲酸乙酯颜色）的去油漆剂。

一般用刷子涂上去油漆剂。旧面层起泡时，用水冲洗。对于采用丙烯酸树脂漆的面层油漆，可用钢刷除去旧漆。至于其他难处理的旧面层，可用油灰刀清除。

不可在塑料或玻璃纤维的基片上使用去油漆剂。

另一种化学去除剂是印花釉消除剂，能容易地消除印花图案。

10）黏结剂、化合物和密封剂

在经常经受温度、潮湿、摩擦及压力变化的车身零件上使用黏结剂。面层修理车间比较常用的黏结剂有精整灰、玻璃密封剂、密封条黏结剂、填缝化合物及车身缝隙密封剂。

使用任何油漆产品及底漆涂料和溶剂时，必须仔细阅读使用说明，包括如何混合、如何应用及需要干燥的时间。这些使用说明是重要的，有助于正确进行面层修理工作。

## 三、自我测试题

### 1. 填空题

（1）汽车涂料的作用包括_____、_____、_____和颜色区分。

（2）汽车原厂涂装工艺主要步骤是_____、_____、_____、中涂喷涂和面漆喷涂。

（3）汽车修补漆的主要涂层结构为底材、_____、_____、_____、_____和清漆层。

### 2. 选择题

（1）用于填补深的凹穴的材料是（　　）。
A. 底漆　　　　B. 原子灰　　　　C. 中涂底漆　　　　D. 清漆

（2）单工序喷涂不需要喷涂（　　）。
A. 底漆　　　　B. 中涂底漆　　　　C. 底色漆　　　　D. 清漆

（3）（　　）主要用于不能自干或需要烘烤才能干结成膜的涂料中。
A. 稀释剂　　　　B. 固化剂　　　　C. 抛光剂　　　　D. 催化剂

（4）（　　）的作用是提供亮度、保护色漆及其颜料并提高耐久性。
A. 底漆　　　　B. 中涂底漆　　　　C. 珍珠漆　　　　D. 清漆

### 3. 判断题

（1）中涂底漆是施涂在底漆、原子灰或其他面漆下涂层上的第二层漆。（　　）

（2）颜料除了具有附着性和遮蔽性之外，还有增加涂层的厚度，提高漆膜的耐热、耐磨、防锈等特殊性能。（　　）

（3）影响喷涂的关键因素是温度，只要注意观察温度的变化，并注意选择合适的溶剂进行混合。（　　）

(4)三工序采用的是银粉漆,通常是先喷一层底色漆,然后喷一层银粉漆,最后喷罩光清漆,3个涂层共同构成完整的面涂层。                                        (    )

(5)水性漆与溶剂型漆在施工工艺上的差异不大,水性漆施工较溶剂型漆施工平均总用时几乎没有区别。                                                                (    )

4. 简答题

(1)金属漆干喷与湿喷各有什么特点?

(2)汽车修补漆涂装辅助材料主要有哪些种类?各有什么作用?

# 项目 3
## 涂装设备与工具的使用

# 一、项目描述

与汽车在生产流水线上自动喷涂机涂装不同，在汽车维修涂装作业中，必须使用大量的手工工具和设备，如何选择、使用和维护这些涂装设备和工具，是影响涂装作业质量的关键因素。本项目主要介绍汽车喷涂所使用的各种设备及其工作原理、正常使用方法和日常维护、检测维修方法等。

1. 知识要求

（1）熟悉压缩空气供气系统空压机的检查保养方法。
（2）熟悉喷枪的部件清洗和润滑方法。
（3）熟悉喷枪的性能检测方法及检测维修方法。
（4）熟悉烤漆房设备的检查保养方法及操作、检测方法。
（5）熟悉烤漆房环境的检测方法及烤漆房的检测维修方法。
（6）熟悉干磨设备的打磨头、吸尘器的检测维修方法。
（7）熟悉干磨设备操作和维护方法、红外线烤灯的检测维修方法。
（8）熟悉调漆设备的检查保养方法及检测维修方法。
（9）熟悉其他工具的检查保养、检测维修方法。

2. 技能要求

1）初级技能

（1）能进行空压机的检查保养。
（2）能进行喷枪设备的检查保养。
（3）能进行烤房设备的检查保养。
（4）能进行干燥设备的检查保养。

2）中级技能

（1）能进行打磨设备的检测维修。
（2）能进行喷枪设备的检测维修。
（3）能进行烤房设备的检测维修。
（4）能进行干燥设备的检测维修。
（5）能进行调漆设备的检测维修。

3. 素质要求

（1）个人能进行安全防护用品的正确选择及穿戴，具备车间安全意识。
（2）5S管理、工位7S操作，环境保护持续改善。
（3）养成数据判断和分析能力，以及效率意识。

# 二、相关知识

## ⚙ （一）压缩空气供气系统

1. 空气压缩机的种类

空气压缩机是钣喷车间所有气动工具的动力来源，是汽车修理厂必不可少的设备。目前使用的空气压缩机可根据其机械运动方式分为往复活塞式空气压缩机和螺杆式空气压缩机，如图 3 – 1 所示。

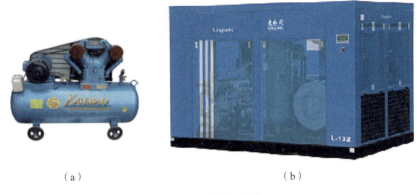

图 3 – 1　空气压缩机

（a）往复活塞式；（b）螺杆式

往复活塞式空气压缩机利用活塞的往复运动来压缩空气并不断提高压力。往复活塞式空气压缩机有单缸、多缸及一级压缩、二级压缩等多种形式。压缩空气由排气阀直接进入储气罐的为一级压缩式。压缩空气由排气阀进入高压气缸，经二次压缩后，由高压排气阀送入储气罐的为二级压缩式。

双级压缩机工作时，被吸入的空气在内径较大的气缸中被压缩成中等压力，然后经过内置冷却器进入内径较小的气缸进行二次压缩，最终获得较高的压力。双级压缩机可在 0.7~1.4 MPa 范围提供稳定的压缩空气，适用于中等气量要求的汽车修理厂。

螺杆式空气压缩机通过两凹凸不平转子高速运动产生压力，其特点是风压风量恒定、噪声小、气量大、空气清洁、节能高效等。螺杆式空气压缩机的工作效率和可靠性很高，在汽车修理行业得到普及，并逐步取代了往复活塞式空气压缩机，适用于耗气量较大的大型汽车修理厂。

螺杆式空气压缩机具备的优点如下。

1）配备计算机控制系统

计算机控制系统操作简单。排气温度、排气压力、电器故障、空气滤清器阻塞、油气分离器阻塞等都能自动显示在控制面板的仪表板上，并具有机组安全保护功能，高压状态不能开机，对电动机短路、堵转、缺相、错相、过载、不平衡、逆转等情况提供全方位的保护。

2）采用新型的滤清材料

采用新型的滤清材料制造双层 W 形尼龙进气过滤网，扩大了过滤面积，高温不易变形，能捕获微小颗粒、粉尘和油污，避免冷却器阻塞及机油炭化，减少机械损耗及故障，延长使用寿命。

3）配备有效的消声装置

内衬消声材料，辅以迂回隔离进气防声与栅排式进气消声箱设计，彻底防止机械运转噪声外传。采用低转速高角度排热风扇，有效抑制噪声扩散。

4）采用汇流式铝合金冷却器

散热片具有强热交换能力与加大型散热材质，可提高散热气流静压，降低气流噪声。

采用轻量化及耐热设计，减轻电动机负荷。散热风扇角度可变，能够根据不同频率调整风扇角度，达到可变散热风量的最佳散热效果。

5）配备高效的油气分离器

采用四合一油气分离系统，结合保压系统、机油过滤系统、节温系统控制排气含油量。多重油槽预处理，出口远离油雾，油气扩散降温，油气分离器炭化降低，抛弃式油气分离器更换快速方便，并可检视油气分离器内分离状况，排气含油量小于 3 $mg/m^3$。

6）具备主机超温保护功能

主机温度达到 104 ℃时控制器发出报警声音信号，面板显示主机温度，但不会停机；当主机温度达到 109 ℃时报警并停机。

7）具备排气超温保护功能

当排气温度超过 110 ℃，温度开关断开，控制器报警停机。

以每月钣喷维修在 400 辆左右的汽车修理厂为例，可使用的螺杆式空气压缩机的规格为：工作压力为 850 kPa～1 MPa，流量为 3.8 $m^3$/min，电动机功率为 22 kW/380 V，噪声为 68～74 dB，质量为 400～600 kg。具体选择与气动工具的数量有关，即与压缩空气用气量有关，可由专业设备厂商根据使用需要进行配置。

**2. 空气压缩机的使用及日常维护**

由于空气压缩机在运作中会产生热量并排出水分，故安装空气压缩机时要注意以下几点：

（1）空气压缩机需安装在通风、散热良好的房间里，能够保证空气压缩机吸入清洁空气，温度以正常运作后不超过 40 ℃为宜；

（2）空气压缩机需安装在距离墙面至少 30 cm 的位置，以利于检修、维护和散热；

（3）空气压缩机房需设置排水沟，以使空气压缩机、储气罐、冷冻干燥机所排出的水分能有效排出，以保证空气压缩机房的清洁。

空气压缩机的维护非常重要，关系到压缩机的使用寿命、供气质量及修理厂的工作效率。因此，一般需要对空气压缩机进行每日维护和每月维护，使压缩机时刻处于最佳的工作状态。

1）空气压缩机日维护的内容

（1）放掉储气罐、油水分离器和冷冻干燥机的水。

（2）检查曲轴箱的机油液面高度，确认是否在油尺最高和最低标线之间。

（3）清洁空气压缩机上的灰尘。

2）空气压缩机月维护的内容

（1）清洁空气滤清器，可用溶剂清洗毛毡、海绵等过滤材料，晾干后重新装好。

（2）添加或更换曲轴箱内的机油。空气压缩机的机油一般每工作 500 h 或 2 个月更换 1 次，必要时可缩短更换时间。

（3）检查空气压力表是否正常。

（4）检查储气罐安全阀性能是否良好，若不能正常工作应立即检修或更换。

（5）检查 V 形带的松紧状况，并予以调整。

（6）查看电动机转轴和空气压缩机的飞轮有无松动现象，并予以调整。

（7）检查所有阀芯或气缸盖，不能有松动现象。

(8) 检查空气压缩机附件、油箱及供气管是否存在漏油、漏气现象。

(9) 开机检查运转过程中有无异常噪声。

(10) 关闭储气罐排气阀,检查泵气时间是否正常。

(11) 检查空气压缩机在全负荷运转中的温度升高范围是否正常。

(12) 清洁气缸、气缸头、内冷器、电动机及其他易积尘的部位。

### 3. 空气压缩机配套设备

1) 储气罐(见图3-2)

空气压缩机输出的压缩空气要先进入储气罐储存,储气罐相当于一个蓄能装置,起到稳定压力和保证供气量的作用。随着气动工具的使用,储气罐内的压缩空气不断消耗,当储气罐内的压力降到一定值时,空气压缩机就会重新启动并向储气罐供气。所以,储气罐能减少空气压缩机的运转时间,从而延长空气压缩机的使用寿命。一般汽车修补喷漆企业所使用的储气罐的体积为1~2 $m^3$,工作压力为1 MPa。具体选择与气动工具的数量有关,即与压缩空气用气量有关。

图3-2 储气罐

2) 冷冻干燥机(见图3-3)

经空气压缩机压缩的空气,温度高达100~150 ℃,而只有压缩空气降温到零点以下,混合在压缩空气中的油和水才能变成水滴和油滴,从而容易过滤并排放出去。由于储气罐能够起到一定的散热作用,因此,空气压缩机可先连接储气罐,然后连接冷冻干燥机以除去压缩空气中的油分及水分。以每月钣喷维修在400辆汽车的修理厂为例,可使用的冷冻干燥机的规格是每分钟处理量为3.5~4 $m^3$,工作压力为1.3 MPa,质量为60~70 kg。具体选择规格与气动工具数量有关,即与压缩空气用气量有关,可由专业设备厂商根据使用需要进行配置。

3) 精密过滤器

精密过滤器有各种不同的等级。粗过滤器一般可除尘至1 μm,除油至1 ppmw/w。精过滤器一般可除尘至0.01 μm,除油至0.01 ppmw/w。超精过滤器可除油至0.003 ppmw/w。除了过滤精度外,每分钟空气处理量需要与空气压缩机、冷冻干燥机相匹配,一般每月钣喷维修在400辆汽车的修理厂使用精密过滤器的每分钟处理量需达到3.5~4 $m^3$。

4) 油水分离器(见图3-4)

图3-3 冷冻干燥机　　　图3-4 油水分离器

虽然经过空气压缩机、储气罐、冷冻干燥机及精密过滤器的过滤和分离，压缩空气中仅含有非常少量的水、油及微粒，但这些水分、油分及微粒还是有可能在喷涂时导致涂膜产生质量问题。为确保获得高质量的喷涂效果必须保证压缩空气无尘、干燥，必须在空气压缩机的输送管道上安装油水分离器。油水分离器能通过装置内引流板、离心器、膨胀室、振动片和过滤器的作用，将油、水和微粒从高压气体中分离出来，并通过自动或手动排水阀排出，以确保输出清洁、干燥的空气。油水分离器上配置有气压调节阀，能显示进气管道的气压和过滤调节后的气压，具有调节并稳定气压的作用。

油水分离器通常安装在支供气管及橡胶软管之间，以再次进行油水分离，保证打磨、喷涂质量。通常供打磨、除尘的普通工位可安装单节油水分离器，供喷涂的工位可安装双节油水分离器（见图3-5）或三节油水分离器（见图3-6）。双节油水分离器的第一节可以过滤直径大于 5 μm 的杂质、水分和油分；第二节过滤精度可达到 0.01 μm，空气流量大于 $2 \sim 3.6 \ m^3/min$。好质量的双节油水分离器，整体过滤效能可达到 99.998%。三节油水分离器的剖面图如图3-7所示。三节油水分离器比双节油水分离器增加了装有活性炭滤芯的过滤瓶，可滤除直径大于 $0.003 \times 10^{-6}$ 的油雾颗粒，其过滤效能可达 100%。对于具有自动排水功能的油水分离器，可在底端排水阀处连接软管，使排出的油、水流入收集容器。对于没有自动排水功能的油水分离器，每日需打开排水阀 1~2 次，将分离在杯中的油、水放掉。

图3-5　双节油水分离器　　　　　　图3-6　三节油水分离器

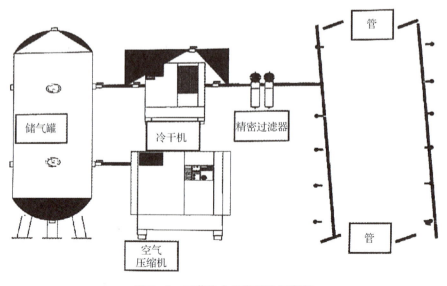

图3-7　三节油水分离器的剖面图

油水分离器第一节所使用的黄铜滤芯每 6 个月需要清洗 1 次,第二节所使用的纤维滤芯每 6 个月需要更换 1 次,第三节所使用的活性炭滤芯每 3 个月需要更换 1 次。

4. 压缩空气供气系统

压缩空气供气系统是指从空气压缩机到车间各工位压缩空气供气点的设备、各种装置及管路的组合,以及固定管道、橡胶软管、接头、阀门等。图 3 – 8 为汽车修理厂喷漆车间的压缩空气供气系统示意。

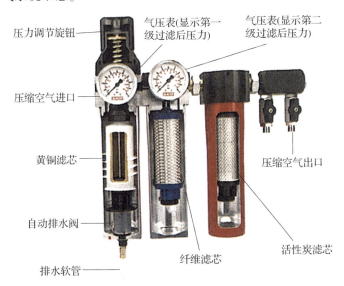

图 3 – 8　汽车修理厂喷漆车间的压缩空气供气系统示意

为了确保压缩空气的纯净干燥,管路的布置是非常重要的,在设置时应注意以下几点。

(1) 供气主管应在车间上方设置为环形,以保证各处的压力相同且均衡稳定;管内径需根据压缩空气用量计算确定,一般达到 2 ~ 3 in(1 in = 25.4 mm);供气主管可采用能耐压 1.2 ~ 1.6 MPa、耐温 60 ℃ 的镀锌钢管、不锈钢管、改良 PVC 管或铝合金管。

(2) 供气主管应逐步向排水端倾斜,倾斜度为 1/100,并在排水端设有自动排水阀,以利于管道内分离积累的油和水的排放。

(3) 供气管路应尽量缩短距离,尽量走直线,减少弯通、阀门造成的压力损耗。

(4) 支供气管应从主供气管上方以倒 U 形分出,下垂至工位所需高度,一般为 80 ~ 100 cm,这样可防止主管中的水分进入支供气管。管内径同样需要根据压缩空气用量计算确定,一般管内径应达到 1 ~ 2 in。不同工位支管与主管、支管与橡胶软管的连接方式如图 3 – 9 所示。

(5) 支供气管及橡胶软管之间应安装油水分离器,再次进行油水分离,以保证打磨、喷涂质量。通常供打磨、除尘的普通工位可安装单节油水分离器,供喷涂的工位可安装双节或三节油水分离器。

(6) 橡胶软管内径应达到 8 ~ 10 mm,对于使用 HVLP 喷枪并使用较多气动工具的汽车修理厂,建议使用 10 mm 内径的橡胶软管以确保压缩空气供气量能够保证 HVLP 喷枪的喷涂质量。由于橡胶软管长度每增加 5 m,就会导致 20 ~ 35 kPa 的压力降,因此建议橡胶软管的长度不要超过 10 m。

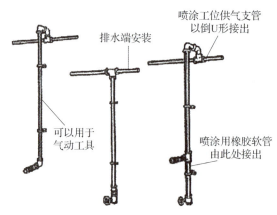

图3-9 支管与主管、支管与橡胶软管的连接方式

## (二) 烤漆房

### 1. 什么是烤漆房

烤漆房是汽车喷涂施工环节中的常用设备,作用是喷涂和烘烤汽车涂料。因此,烤漆房最确切的描述应为"喷漆及烤漆房",一般简称为烤漆房,可实现喷漆和烤漆功能。

1) 喷漆房

车身维修中会不断产生粉尘和污物,这在汽车漆膜修补过程中,会给喷漆质量带来很大影响;同时,喷漆过程中产生的漆雾无法排除,会严重影响操作人员的身体健康。因此需要喷漆房为喷涂作业提供干净、安全、照明良好的喷涂环境,使喷涂过程不受污物影响,又可使挥发性漆雾得到有效控制和治理。

2) 烤漆房

根据涂膜的成膜机理,无论是自然挥发成膜还是化学反应交联成膜,在温度较高、湿度适宜的情况下,都会提高涂膜的质量和缩短工期,使生产效率提高。因此,设立烤漆房,使漆膜加快干燥、固化,保持工作环境更干净,提高工作效率和工作质量。在汽车修理厂,事故车维修所采用的是低温汽车修补漆,其烘烤温度一般为60~80 ℃。

### 2. 烤漆房的类型

(1) 烤漆房按外形结构可分为室式烤漆房和通道式烤漆房。

①室式烤漆房是指在密闭房体内进行喷涂和烤漆施工的烤漆房,是目前汽车维修企业普遍采用的一种烤漆房,通常采用高性能钢组件式房体,一侧开门供车辆进出。

②通道式烤漆房则两端开门,车辆由一侧进入,完成施工后由另外一侧驶出,主要用于大型维修站的流水线。汽车制造厂生产流水线上也是使用此种烤漆房。

(2) 烤漆房按传热干燥方式可分为对流式烤漆房、辐射式烤漆房和混合式烤漆房。

①对流式烤漆房也称热空气干燥式烤漆房,是应用对流传热的原理,用燃烧器、电热器加热空气,使空气作为载热体在烤漆房内对流加热,传递热量给涂层,加快涂层的干燥。对流式烤漆房的优点有:对流烘干加热均匀,从而保证了涂层干燥的一致性及漆膜质量;烘干温度范围较大,基本能满足大面积喷涂烘干的要求;设备使用管理和维护较为方便,运行费用较低。但是,对流烘干室也有一定的局限性,如升温时间较长、效率较低;

设备庞大，占地面积大；涂料烘干前须给予一定闪干时间，如果过快升温烘烤，可能导致表面干燥成膜，阻碍内部溶剂的挥发，易产生针孔、溶剂泡、失光等漆膜缺陷。

②辐射式烤漆房是将热能转变为特定波长的电磁波对漆膜加热的一种烤漆房。热辐射的热能是以电磁波的形式传递的，不需中间媒介，即可由热源直接辐射在被加热的物体上。辐射加热要比对流加热速度快，热能损失少。红外线辐射干燥型烤漆房即为此种烤漆房。

③在北方地区冬天温度较低，若采用红外线辐射式烤漆房，则不便于涂装时升温施工，而混合式烤漆房可以解决这个问题。在喷涂的过程中混合式烤漆房可以采用柴油燃烧加热空气以对流方式升温，在烘烤时可采用红外线辐射的运行模式。混合式烤漆房是人们为了实现更高效更节能的喷涂及烘烤作业，将对流式烤漆房和辐射式烤漆房结合在一起的烤漆房。在烘干涂层时，为了达到更高的干燥效率，采用红外线加热模式的同时还可采用热风循环，以加快涂层干燥。

（3）柴油烤漆房是目前汽车修理行业中最常见的烤漆房。柴油烤漆房属于热空气对流干燥低温烤漆房，喷涂时具有通风、空气净化、漆雾处理、冬季送热风的功能；烤漆时具有升温、恒温定时、废气处理的功能。

柴油烤漆房主要由房体、加热系统、送排风系统、照明系统、空气净化系统、电控系统等部分组成。

①加热系统通常由柴油燃烧器和热能转换器组成。

②送排风系统主要由鼓风机柜、送风机、排风机和送、排风管路组成。鼓风机柜可置于室体后侧或两侧，通常在鼓风机柜柜板内填充 EPS 消声材料，以有效降低鼓风机的噪声，确保噪声不高于 80 dB。

③在室体的顶侧部位安装照明灯箱，采用无影灯式日光照明灯管。一般顶侧灯组每组会配备 4 个功率为 36 W 的荧光灯管，两侧共配备 8~10 组，以保证室内光照度达到 800 lx 以上。

④整个空气过滤采用Ⅱ级过滤，即初效过滤（进风过滤）及亚高效过滤（顶部过滤）相结合的形式。顶部过滤材料设置在静压室底部，用顶网支撑，顶网为优质 C 型钢结构，经特殊防锈处理，具有刚性好、无锈蚀和更换顶棉容易的特点。初效过滤棉设置在进风口处，能有效地捕捉直径大于 10 μm 的尘粒，精密级亚高效过滤层具有多层结构，能有效地捕捉直径大于 4 μm 的尘粒，整个过滤系统容尘量大、阻力小、使用寿命长。

⑤喷涂烘干作业时，废气须经处理方可排放，处理后的废气应满足大气污染物综合排放标准。一般采用干式处理法，即利用活性炭和玻璃丝过滤毡，吸附有害气体从而达到净化目的。

⑥通过电控系统的控制箱能实现热风循环、烘干温度自动控制、故障报警等功能，同时具有电动机过电流保护、缺相保护、短路保护等保护功能。随着科技的进步，更先进的电控系统能实现正负压调节、空气流速调节、工作时间累计、远程控制等功能。

### 3. 柴油烤漆房的特点

柴油烤漆房的特点如下。

（1）空气流动性好，新鲜空气能够不断进入，废气可及时排至外部。根据喷涂状态和烘烤状态的需要可调节排气管和进气管，使喷涂状态时排出废气，烘烤时则不断循环空气并将热空气反复使用，保持温度节约能源。

（2）国内的烤漆房一般采用正压送风，其送风气压一般保持在室内高于室外 4~12 Pa，压力大小可通过调风门调节，正压送风可保证室外空气不能进入烤漆房，以保持烤漆房内的清洁。有些国家法规要求烤漆房必须采用负压送风，即保持室内送风气压低于室外，以保证烤漆房内漆雾不能溢出，避免污染外部环境。

（3）烤漆房室内温度可调节，烘干时最高 80 ℃。室内温度相对比较均匀，每一点的温度变化范围为 ±2 ℃。升温较快，一般从室温 20 ℃ 升高至 60 ℃ 不超过 20 min。在对汽车涂膜加温烘烤时，汽车修补涂料烘烤温度一般以被烘烤物体表面温度达到 60~80 ℃ 为宜，若温度达到 80 ℃ 以上会造成仪表等塑料件变形，若达到 90 ℃ 以上则有可能引起燃油起火、爆炸等。

（4）由于油漆喷涂及烘烤时通风方式不同，因此喷涂与烘烤时空气流速是有差别的，一般喷涂时空气流速为 0.2~0.6 m/s。对涂膜进行加温烘烤时空气流速一般为 0.05 m/s。

（5）目前使用的喷漆房和烤漆房一般采用气流下行式（见图 3-10），即空气从上部

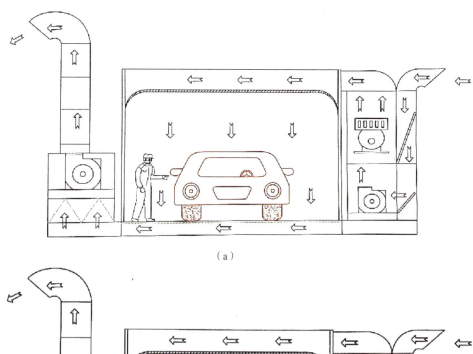

(a)

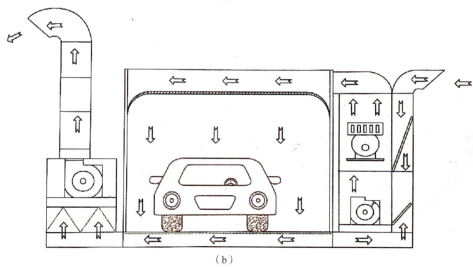

(b)

图 3-10　喷漆作业与烤漆作业时的通风路线
(a) 喷漆作业；(b) 烤漆作业

进入，经过车顶向下从车身两侧的排气地沟排出。经三级（粗、中、细）过滤后，干净干燥适温的空气在流过车身时不会带入灰尘，并连同飞扬的漆雾也一同向下吸走，防止飞漆污染新涂的漆面。气流下行式烤漆房减少了喷涂操作人员可能吸入的飞漆和溶剂蒸气，有利于喷涂技师的身体健康。

（6）烤漆房内照明要求在 800 lx 以上（目前大多烤漆房已采用 1 000 lx 照明），通常采用房顶两侧安装多组无影日光照明灯向下照射，以保证室内光线明亮，工作时可达无影效果。

### 4. 烤漆房的维护与保养

烤漆房在使用过程中，随着运行工时的增加，各机构和零件都会受到摩擦、腐蚀、磨损、振动、冲击等诸多因素的影响，技术性能会逐渐降低，过滤部分会逐渐堵塞。因此，良好的日常维护和定期保养是非常重要的，企业须建立强制性的日常维护和保养制度。

1）烤漆房日常使用注意事项

（1）烤漆房必须由专人负责操作，其他人员严禁开启。

（2）烤漆房内严禁吸烟，非工作人员严禁入内。

（3）使用烤漆房前须检查烤漆房燃料存量是否充足，检查烤漆房进风口环境及烤漆房顶棉、底棉、进风棉状态是否良好。

（4）启动烤漆房时，应先打开烤漆房主控制面板上的总电源开关，然后依次打开烤漆房内照明灯开关，检查照明灯亮度；打开鼓风机开关，启动鼓风机，检查烤漆房密封性、风压、风量。

（5）喷涂时将调节开关旋转至喷涂挡，冬天车间温度低时可将喷涂温度设定为 25 ℃升温喷涂，按调节按键设置温度即可；但切不可为了节省柴油将调节开关旋转至烤漆挡喷涂，因为烤漆时烤漆房内通风为内循环，这样做会带来安全隐患，烤漆房顶棉也会被污染。

（6）作业人员进入烤漆房前应穿戴防静电工作服、活性炭防护口罩或供气式防护面罩、防护眼镜、安全鞋等安全防护用品。

（7）车辆进入烤漆房前需确认车辆油箱存油量，如车辆内汽油为满箱则不可进入烤漆房作业，以避免烘烤时由于汽油膨胀发生危险。

（8）车辆进入烤漆房前必须清洁，严禁在烤漆房内进行贴护、打磨、抛光等污染烤漆房的操作。

（9）车辆进入烤漆房后应将驻车制动器拉紧，断开点火开关，拆下蓄电池负极接线。

（10）喷涂作业时应将烤漆房门关闭。

（11）烤漆前应检查确认已将烤漆房内的涂料、稀释剂等易燃物清理干净。

（12）喷涂完成，根据涂料产品要求留一定时间静置闪干后，将调节开关旋转至烤漆挡进行烤漆，调节烘烤温度，以保证烤漆房内车辆或工件温度能达到 60 ℃。由于升温需要一定时间，因此柴油烤漆房一般时间设置为 45 min，红外线烤漆房一般时间设置为 20 min。

（13）烘烤结束后烤漆房自动停止运行，关闭电源开关，打开烤漆房门，将车辆移出，并填写《烤漆房运行记录表》，将所有开关复位到停机状态。

（14）每天在使用后对烤漆房做一次清洁，清除一切杂物（烤漆房内只允许有压缩空气输送软管），对地面、墙面、格栅等进行吸尘以确保烤漆房干净整洁。

（15）每日检查电气柜线路有无脱落、破损，各仪器、仪表工作是否正常，烤漆房内供气管路、软管有无泄漏、鼓胀、破损等。

（16）喷烤过程中，若故障灯亮，应按下紧急停止按钮，查找原因，排除故障后再启动。

（17）启动柴油烤漆房时，如烤漆房点火不成功，不可重复点火3次以上。必须联系厂家维修解决，以避免喷油嘴喷出较多燃油发生爆燃危险。

2）烤漆房定期维护保养注意事项

（1）所有日常维修和定期养护前，都必须先切断烤漆房主电源开关。

（2）如烤漆房需维修，在维修完毕后应填写《维修记录表》。

（3）其他项目如表3-1所示。

烤漆房保养视频

表3-1　烤漆房定期维护保养

| 序号 | 维护保养项目 | 作业内容 | 寿命（周期） |
| --- | --- | --- | --- |
| 1 | 进风口过滤棉 | 定期清洁更换 | 60～80 h |
| 2 | 顶棉 | 定期更换 | 400～450 h |
| 3 | 底部过滤棉 | 定期更换 | 80～100 h |
| 4 | 排风过滤棉 | 定期更换 | 80～100 h |
| 5 | 鼓风机轴承座、鼓风机底座等 | 检查各连接部件的螺栓松紧程度 | 每季度1次 |
| 6 | 墙面及灯上的污垢和漆渣 | 清理 | 1个月1次 |
| 7 | 柴油滤清器芯 | 定期更换 | 8～12个月1次 |
| 8 | 高压油泵过滤网 | 定期清洁 | 每6个月1次 |
| 9 | 高压喷嘴过滤网 | 定期清洁 | 每年1次 |
| 10 | 通风管道 | 定期清洁 | 每年1次 |
| 11 | 烤漆房炉膛 | 定期检查更换 | 按厂家要求 |

## （三）刮涂工具

汽车车身损伤部位外表经过钣金维修的敲补、焊接后，还需用原子灰填补磨平。填补原子灰的常用刮涂工具有硬刮刀和软刮刀。硬刮刀有牛角刮刀、层压胶板刮刀、环氧板刮刀以及钢皮刮刀等，通常用于平面及大面积凹坑；软刮刀一般涂刮小的凹坑，刮出的原子灰表面较平滑、遗留孔隙较小。刮刀及原子灰混合板分别如图3-11和图3-12所示。

图 3-11 刮刀

## （四）打磨工具

### 1. 干磨与水磨

打磨有干磨方式和水磨方式，干磨、水磨时所使用的工具不同，干磨时使用打磨机、干磨手刨及干磨砂纸；水磨时使用打磨垫板及水磨砂纸，手工水磨是比较传统的打磨方式，打磨时易于通过手感判断打磨

图 3-12 原子灰混合板

的平整度和精细度，打磨的效果较为平整光滑，打磨时不会产生灰尘。但手工水磨有很多缺点：易造成质量缺陷；打磨效率低；工作条件较差。

因此，全世界汽车修补喷涂企业采用干磨已是必然的趋势。因为它更有利于环保和喷涂技师的健康，且效率高，打磨速度能达到手工水磨的 2 倍左右。

干磨的主要缺点是会在打磨过程中产生粉尘，因此，吸尘、除尘措施非常重要。目前的干磨，配合正确的砂纸及改进工艺，可将 90% 的打磨灰尘吸进吸尘桶里，如果按照劳动防护要求在干磨时佩戴防尘口罩，则完全可以避免打磨粉尘的污染，因此，有无尘干磨系统的说法。

### 2. 干磨设备及工具

1）打磨机

打磨机的种类很多，根据动力来分，有电动打磨机和气动打磨机；根据形状来分，有圆形打磨机和方形打磨机；根据运动模式可分为单动作打磨机和双动作打磨机。在汽车修补喷涂企业里，常使用圆形、双动作或单动作打磨机，打磨机的动力以气动为主。

电动打磨机和气动打磨机的基本原理相同，区别仅在于动力来源，汽车修理厂使用气动打磨机较多的原因主要有以下几点。

（1）由于不直接用电，能避免因电路短路或损坏而造成的触电及电火花引起的火灾，安全性相对更高。

（2）质量轻，便于使用。

（3）结构较简单，经久耐用，节约成本。

使用气动打磨机需保证充足的压缩空气气压和供气量，否则会导致打磨速度慢从而影响打磨效果。一些品牌的移动式打磨系统、悬臂式打磨系统和中央集尘打磨系统除了用于打磨之外，还可能用于吹尘清洁等其他用途，故这类供气管路通常安装有油水分离器，油水分离器可以保证供应打磨机压缩空气的清洁、干燥程度，但是没有润滑作用。

圆形、双动作打磨机的打磨盘沿旋转轴旋转，旋转轴为偏心轴，故打磨盘是双重圆周运动，如图 3-13 所示。这样双动作打磨机的研磨效果较单动作打磨机要好，且避免了单动作打磨机由于转速快、转动方式单一、切削力强容易形成的单一砂纸痕。

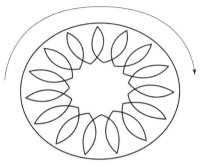

图 3-13 双动作打磨机的转动方式

除旧漆膜无尘干磨工艺流程

双动作打磨机偏心距的大小有很多种，偏心距越大，越适用于粗磨，常见偏心距有 1.5 mm、2 mm、2.5 mm、3 mm、4 mm、5 mm、6 mm、7 mm、9 mm、11 mm、12 mm 等。表 3-2 为不同偏心距打磨机所适用的打磨工作。

表 3-2 不同偏心距打磨机所适用的打磨工作

| 偏心距/mm | 适用的打磨工作 |
| --- | --- |
| 9~12 | 除锈、除旧涂层 |
| 7~9 | 除旧涂层、打磨羽状边，粗磨原子灰 |
| 4~6 | 细磨原子灰；原子灰周围区域打磨；喷涂中涂底漆前打磨电泳底漆、旧涂层 |
| 3~6 | 喷涂面漆前打磨中涂底漆、旧涂层 |
| 1.5~3 | 抛光前打磨 |

图 3-14 为使用偏心距 3 mm 双动作打磨机配合 P500 号砂纸打磨中涂底漆及旧漆。图 3-15 为偏心距 1.5 mm 的 1 寸点磨机。

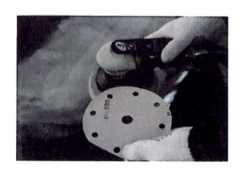

图 3-14 偏心距 3 mm 双动作打磨机　　图 3-15 偏心距 1.5 mm 的 1 寸点磨机

单动作打磨机由于打磨盘是做单向圆周运动（见图 3-16），因此打磨盘的中心和边缘存在转速差，容易造成研磨不均匀，留下圆形砂纸痕。使用该打磨机时不能把它平放在打磨面上，而要轻微倾斜，由于其切削力强，主要适用于除锈、除漆，因此，非常适合配置在钣金工位。圆形打磨机的运动轨迹如图 3-17 所示，从打磨的工件表面上可以清楚看到单动作和双动作打磨机所打磨出的砂纸痕形状。

图 3-16　单动作打磨机的转动

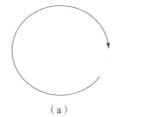 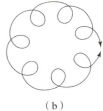

图 3-17　圆形打磨机的运动轨迹
(a) 单动作打磨；(b) 双动作打磨

方形打磨机有轨道式打磨机和直线往复式打磨机，其运动轨迹如图 3-18 所示。轨道式打磨机的运动方式为沿着椭圆轨迹往复运动，各个部位的研磨力和切削力都比较均匀，不易产生打磨不均匀的缺陷，故在汽车修补喷涂企业内相对使用较多，一般用于较大面积的平面部位的原子灰整平。直线往复式打磨机的研磨盘只是简单的前后运动，靠来回直线运动研磨工件表面，同等情况下，打磨痕迹粗于轨道式打磨机。

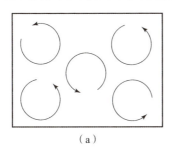 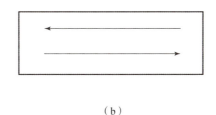

图 3-18　方形打磨机的运动轨迹
(a) 轨道式；(b) 直线往复式

方形打磨机（见图 3-19）常见的尺寸是宽度 70 mm，长度 198 mm 或 400 mm，也有 115 mm×208 mm 的规格，可根据打磨工件的尺寸选择。轨道式打磨机常见的偏心距有 3 mm、4 mm、4.8 mm、5 mm。

图 3-19　方形打磨机

施涂原子灰后
无尘干磨工艺流程

为了避免打磨机高速运转状态下突然接触工件表面产生过大的冲击力造成不必要的打磨痕迹,最好将打磨机放在工件表面上以后再启动。

2) 打磨机托盘

安装在圆形打磨机上粘连砂纸的打磨垫称为托盘,通常为尼龙搭扣式,能方便、快速牢固地粘贴干磨砂纸,装卸快速、方便。打磨机托盘有以下几种。

(1) 硬托盘。

配合偏心距 5 mm 及以上的双动作打磨机使用硬托盘,用于相对较粗的打磨,如除漆、原子灰粗磨。

(2) 半硬托盘。

配合偏心距 5 mm 及以上的双动作打磨机使用半硬托盘,用于相对较细的打磨,如原子灰细磨、中涂底漆前打磨、中涂底漆后粗磨。

(3) 软托盘。

配合偏心距 3 mm 的双动作打磨机使用软托盘,用于相对较细的打磨,如中涂底漆后、面漆前细磨。

此外,还有一种粘接在托盘上的中间软垫,比软托盘更软一些,可用于面漆前打磨弧度、线条等位置,避免对工件表面造成不必要的过度打磨,同时还可以保护打磨机托盘,延长其使用寿命。

3) 打磨垫板

打磨垫板有很多种,业内通常把水磨用打磨垫板称为磨板,而干磨用打磨垫板配有吸尘管及尼龙搭扣以粘连砂纸,业内通常称为手刨。

手刨是很多部位有一定弧度及线条的车身干磨必不可少的工具,加上一些边角部位,在这些部位打磨原子灰时,为了打磨出与原车身部位完全相同的形状,一般都需要用手刨打磨,如图 3 – 20 所示。手刨还用于原子灰中涂底漆的粗打磨,因为手工打磨更易于根据需要从不同角度打磨,打磨平整的同时获得需要的形状。因此,干磨实际上包括机器打磨和手工打磨,打磨方式的使用比重有所不同。

图 3 – 20　使用干磨手刨打磨原子灰

干磨系统

手刨常见的尺寸是宽度为 70 mm,长度有 125 mm、198 mm、420 mm,也有 115 mm × 230 mm 的规格,可根据常见打磨工件的尺寸选择。手刨与有些方形打磨机的尺寸类似,但两者作用完全不同,不能互相代替。

水磨的打磨垫板常用的有硬橡胶垫和海绵垫。硬橡胶打磨垫板材质硬度适中，适合于配合不同砂纸做喷涂面漆前各个环节的打磨。海绵垫适用于抛光前垫上细水砂纸磨平脏点、橘皮等，因为海绵垫较软，不易对漆面造成伤害。

4) 打磨系统

以上所介绍的打磨机、手刨等由于吸尘的需要，要与吸尘系统连接。不同的连接及组合方式，就形成了移动式打磨系统、悬臂式打磨系统和中央集尘打磨系统，这是常见的3种打磨系统。

(1) 移动式打磨系统（见图3-21）。

移动式打磨系统的特点是移动方便，比较容易移动到有电源和气源的工位上使用。一般可同时接2把气动打磨机或电动打磨机，或分别连接1个电动打磨机及1个气动打磨机，再连接1个干磨手刨。可放置在2个工位之间，同时满足2个工位的使用需求。但电源线和气管会拖在地面上，移动至不同位置的工位时不方便。

(2) 悬臂式打磨系统（见图3-22）。

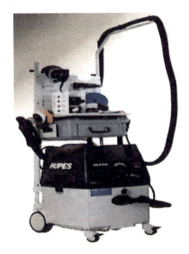

图3-21 移动式打磨系统　　　　　图3-22 悬臂式打磨系统

悬臂式打磨系统的特点是电源线和气管都从空中的悬臂走，经悬臂下垂到打磨终端，移动至不同位置的工位都较为方便，延伸距离一般可达6 m，但使用范围只能在延伸所及范围内。悬臂式打磨系统一般也可同时接2把电动打磨机或气动打磨机，或分别连接1个电动打磨机、1个气动打磨机及1个干磨手刨。固定安装在2个工位之间，可满足2个工位的使用。

(3) 中央集尘打磨系统（见图3-23）。

中央集尘打磨系统的特点是使用中央集尘主机集尘，一般每个中央集尘主机可连接4~6个打磨终端，每个打磨终端可同时接2把电动打磨机或气动打磨机，或分别连接1个电动打磨机、1个气动打磨机、1个干磨手刨。

中央集尘中心配有大功率的吸力泵，另外配置有先进的微处理控制系统，采用多层重叠导流方式吸风、体积小、吸力强，吸尘效果更好。吸力泵内滤芯清洁系统通过滤芯内部自动振荡达到自动清洁效果，在停机后会自动延时振荡约8 s，以保证有效的吸尘效果。在主控面板上还有手动加强清滤按钮，可手动控制增加清滤时间及效果。

图 3-23　汽车修理厂的中央集尘打磨系统

中央集尘打磨系统主机内装有 40~50 L 的集尘桶（见图 3-24），使用的垃圾袋为普通垃圾袋，成本较低。

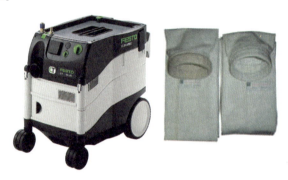

图 3-24　中央集尘分离式集尘桶

3. 打磨耗材

最常用的打磨耗材是砂纸，各种型号砂纸与各种打磨工具配合使用，此外，还有百洁布、菜瓜布等。

砂纸的规格有很多。制造砂纸的常用磨料有氧化铝和碳化硅（金刚砂）。氧化铝磨料硬度高、耐久性好、使用寿命长，可制成用于除锈、除旧涂层、打磨原子灰、打磨旧涂层的砂纸。碳化硅是较锐利的磨料，呈黑色，通常用于汽车旧涂层的打磨，以及抛光前对新喷涂层的打磨。

砂纸分干磨砂纸和水磨砂纸，两者最主要的不同是磨料的分布疏密情况。水磨砂纸的磨料分布紧密，而干磨砂纸的磨料分布较稀疏，磨料占砂纸表面积的 50%~70%，干磨和水磨砂纸不能替换。水磨砂纸用于干磨，则打磨下来的粉末会吸附在砂纸表面导致堵塞，所以水磨砂纸必须要带水打磨以冲走打磨下来的粉末。干磨砂纸用于水磨，因其不耐水，磨料会脱落。

砂纸的粗细以数字表示，砂纸的分级系统有 3 种标准：欧洲标准 FEPA，美国标准 ANSI，日本标准 JIS。欧洲标准 FEPA 是汽车修补喷涂行业常见的分级系统，特征是砂纸号的数字前加了字母"P"，常见砂纸规格都是欧洲标准的规格。不同标准干磨砂纸分级系统如表 3-3 所示。

表3-3 不同标准干磨砂纸分级系统

| 粗细度 | 欧洲标准（FEPA） | 美国标准（ANSI） | 日本标准（JIS） |
|---|---|---|---|
| 细↓粗 | P1200 | 600 | #1000 |
| | P1000 | 500 | #800 |
| | P800 | 400 | #600 |
| | P600 | 360 | #500 |
| | P400 | 320 | #360 |
| | P360 | 280 | |
| | P240 | 240 | #320 |
| | P220 | 220 | #180 |
| | P180 | 180 | |
| | P150 | 150 | #150 |
| | P120 | 120 | #120 |
| | P80 | 80 | #80 |
| | P60 | 60 | #60 |

不同标准的干磨砂纸无论是何种规格，编号越大则砂纸越细。不同品牌的砂纸，粗细程度有一定差异。推荐的各工序使用的砂纸编号，可能因品牌不同而编号不同。第一次使用砂纸，需要对比砂纸粗细程度是否合适。

同一种砂纸分级标准中，干磨砂纸和水磨砂纸的编号也不相同，表3-4为欧洲标准（FEPA）干磨砂纸与水磨砂纸的编号。

表3-4 欧洲标准（FEPA）干磨砂纸与水磨砂纸编号表

| 粗细度 | 欧洲标准（FEPA）干磨砂纸 | 欧洲标准（FEPA）水磨砂纸 |
|---|---|---|
| 细↓粗 | P500 | P1200 |
| | P400 | P1000 |
| | P360 | P800 |
| | P320 | P600 |
| | P280 | P500 |
| | P240 | P400 |
| | P220 | P360 |
| | P180 | P320 |
| | P150 | P280 |
| | P120 | P220 |
| | P100 | P180 |

菜瓜布（见图3-25）也是应用广泛的打磨耗材。菜瓜布有很好的柔韧性，适合打磨外形复杂或特殊材料的表面，可用于塑料部件喷涂前的研磨，面漆喷涂前、驳口前对漆面的研磨等。

中涂底漆无尘干磨工艺流程

图3-25 菜瓜布

#### 4. 干磨设备、工具的使用及维护

干磨设备、工具在使用和维护过程中要注意以下要点。

（1）打磨系统没有安装或配置油雾器的，每天启动前需在进气口注入1滴专用润滑油；打磨结束后，也应由进气口注入少许专用润滑油，并让打磨机低速运转一下，以润滑内部元件。有伺服系统的，须保持油雾器油杯内有1/3容量的润滑油。

（2）每天启动前用手转动打磨垫，检查其是否灵活，检查托盘连接处的轴承是否缺油或损坏。

（3）电动干磨机开机前应先将测速挡置于最低挡，启动后由低速调向高速；气动干磨机开机前应先将调速挡放置于最高挡，启动后由高速调向低速。

（4）砂纸与研磨机粘贴时务必使吸尘孔位置对齐，以保证最佳的吸尘效果。

（5）打磨时应先将打磨机放置于工件上再启动，打磨工作结束，在打磨机未完全停下之前，不要放下打磨机，以免打磨头在继续转动状态时碰撞其他物体而损坏。

（6）打磨时注意砂纸的磨损程度，并及时更换。超负荷使用会影响托盘的使用寿命。

（7）打磨操作时如果发生异常或不正常振动，应关机检查。

（8）打磨结束后，应取下砂纸，使用压缩空气吹除打磨机上的灰尘，不能使用溶剂清洁或浸泡。

（9）为防止水分进入打磨系统，内置压缩空气供气管、压缩空气输出管及吸尘管的三合一套管，两端均不可沾水，且要避免重物压到三合一套管。

（10）定期检查集尘过滤袋内的灰尘量，及时更换新的过滤袋，一般灰尘量不应超过集尘袋容量的4/5。

（11）定期清洁滤芯，以保证其使用寿命，一般半年或一年要更换新滤芯。

（12）每半年检查集尘中心吸尘电动机电刷，吸尘电动机电刷长度磨损到1.5 cm时，必须更换电刷。

### （五）喷枪

#### 1. 喷枪的类型

喷枪是用于喷涂涂料的涂装设备，对涂装修补的质量影响很大，其类型和规格较多。

（1）按自动化程度可分为自动喷涂喷枪和手动喷涂喷枪。自动喷涂喷枪主要用于汽车生产厂的生产线上，一般会采用静电喷涂方式。手动喷涂喷枪是指汽车涂装修补行业主要使用的手动空气式喷枪。

（2）按涂料的供给方法可分为压送式喷枪、重力式喷枪和吸力式喷枪，如图3-26所示。

（a）　　　　　　　　（b）　　　　　　　（c）

图 3-26　空气式喷枪

（a）压送式；（b）重力式；（c）吸力式

萨塔 SATA5000 喷枪

（3）按喷涂涂料的类型可分为底漆喷枪和面漆喷枪。底漆喷枪用于防锈底漆、中涂底漆的喷涂，重点是要保证良好的填充性，雾化要均匀，但雾化精细不如面漆喷枪。为了保证中涂底漆的填充性及打磨性，底漆喷枪的喷幅（扇面）较为集中，喷幅的中心湿润区较大，而周边的雾化区较小。底漆喷枪为重力式（上壶）喷枪，口径一般为1.6~1.9 mm。

面漆喷枪主要用于单工序面漆、双工序色漆、清漆的喷涂。面漆喷涂的重点是要保证颜色喷涂均匀，并且要求流平性要好，所以面漆喷枪雾化精细度、雾化效果都比较好。面漆喷枪的喷幅，相对于底漆喷枪，雾化层比湿润层要更宽大。重力式（上壶）面漆喷枪口径一般为1.3~1.4 mm。由于面漆喷枪口径小，雾化精细度高，使用不太好的面漆喷枪喷涂防锈底漆或中涂底漆，会导致底漆漆膜薄、填充性不够，因此而增加喷涂遍数，则又会降低工作效率，扩大喷涂面积，增加表面漆尘和表面打磨工作量。出于小修补的需要，喷枪生产厂家还开发了专门用于小修补的喷枪，这种喷枪较轻，质量一般只有500 g，比上壶喷枪轻150~300 g，口径小，一般为0.8~1.4 mm，所需气压较小，易于喷出较薄涂层及有效控制喷涂区域，对于银粉漆、珍珠漆的修补，不容易出现修补"黑圈"。

HVLP（High Volume Low Pressure）喷枪是高流量低气压的环保型喷枪。HVLP喷枪与低流量中气压高效喷枪的特点如表3-5所示。

喷枪的种类及特点

表 3-5　HVLP喷枪与低流量中气压高效喷枪的特点

| 类别 | 风帽雾化压力/kPa | 枪尾进气气压/kPa | 耗气量/(L·min$^{-1}$) | 优点 | 缺点 |
| --- | --- | --- | --- | --- | --- |
| 传统喷枪 | 200~250 | 300~400 | 370 | | 涂料传递效率为30%~40% |

续表

| 类别 | 风帽雾化压力/kPa | 枪尾进气气压/kPa | 耗气量/(L·min⁻¹) | 优点 | 缺点 |
|---|---|---|---|---|---|
| HVLP喷枪 | 70 | 200 | 350~450 | 涂料传递效率高达65%以上,涂料浪费少,节约成本,减少污染,工作环境有利于涂装技师的身体健康,提高了生产效率 | 对压缩空气供气系统要求较高,如果压缩空气供气量不足,供气压力不稳定,会对喷枪雾化及喷涂质量产生较大的影响 |
| 低流量中气压高效喷枪 | 200 | 300 | | 介于传统喷枪和HVLP环保型喷枪之间的低流量中气压,喷涂气压、走枪速度和传统喷枪较接近 | |

2. 喷枪的结构

喷枪主要由枪体、喷嘴、风帽等组件组成。枪体上依次有枪体手柄、空气调节旋钮、涂料调节旋钮、扇面调节旋钮、进涂料口、扳机等,喷嘴部位由空气帽、涂料喷嘴、顶针(枪针)等组成。图3-27为吸力式喷枪结构。

图3-27 吸力式喷枪结构

①风帽;②枪嘴;③枪针;④自动紧压枪针密封圈;⑤带枪针挡板的扳机;⑥空气阀压顶杆;⑦喷嘴调节旋钮;⑧涂料流量调节旋钮;⑨气压调节旋钮;⑩压缩空气进气口;⑪进涂料口;⑫涂料吸管;⑬涂料壶

扣下喷枪扳机时,空气阀先开放,压缩空气经由空气通道到达风帽各个气孔并高速喷出,再向下进一步扣下扳机时,喷嘴打开,涂料沿涂料管道在喷嘴处被吸出并雾化。

风帽的作用是使压缩空气将涂料雾化成一定形状的漆雾。风帽上有3种不同的孔(见图3-28),最中间为中心孔,中心孔两侧为辅助孔,最侧面在伸出部位的孔为角孔,角孔的作用是控制漆雾的形状。中心孔位于喷嘴外侧,当压缩空气喷出时,会产生负压吸出涂料。辅助孔可促进涂料的雾化，雾化能力的强弱对于喷枪性能有很大影响。

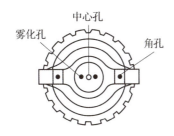

图 3-28　风帽上气孔名称

SATA 喷枪三件套的更换方法

涂料流量调节旋钮和顶针在同一条直线上，它调整顶针和喷嘴的开口距离大小，从而控制出漆量。将涂料流量调节旋钮完全关闭时，顶针即完全顶住喷嘴，这时即使扣下扳机，也不会有涂料喷出。喷嘴有各种口径，以满足不同的喷涂需要，喷嘴的口径越大，涂料的喷出量越多，由于中涂底漆需要较厚的厚度以保证填充性，故底漆喷枪多使用口径较大的喷嘴，一般为 1.6~2.0 mm，面漆喷枪的口径小于底漆喷枪，一般为 0.8~1.6 mm。

### 3. 喷枪的调整

1）喷枪压力的调整

喷枪压力过大或过小都会影响雾化效果及喷涂质量，最佳的喷涂压力是保证喷涂所需要的喷幅宽度和最佳雾化效果所需的最低压力。气压过高会导致过度雾化从而产生过多喷雾，导致涂料用量增加；还会导致涂料到达喷涂表面之前已有大量的溶剂挥发掉，到达工件表面时涂层流动性降低，产生橘皮等缺陷。但如果气压过低，会使雾化颗粒较粗，涂膜过厚，可能导致流挂等缺陷。

大多数喷枪本身不带气压表，可以使用外接数字式气压表（见图 3-29）。有些喷枪本身就带有气压表（见图 3-30），可用来检查和调节喷枪处的压力值。数字型气压表体积较小且易于读取气压值，近年来开始得到广泛应用。

图 3-29　外接数字气压表喷枪

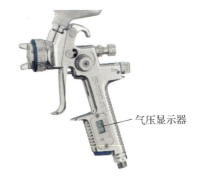

图 3-30　内置数字气压表喷枪

德国萨塔 SATA 传统上壶喷枪

2）扇面的调整

通过调节扇面旋钮可以调节喷幅（扇面）大小（见图 3-31）。将扇面控制旋钮旋紧到最小，可使漆雾的直径变小，形状变圆；将扇面控制旋钮完全打开，可使漆雾形状变成较宽的椭圆形。较窄的扇面（10~15 cm）可用于局部维修，而较宽的扇面（20 cm 左右）则用于整板喷涂、整车喷涂等大面积喷涂。

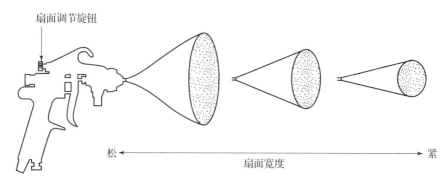

图 3-31 通过扇面调节旋钮调节扇面宽度

3)涂料流量的调整

调节涂料控制旋钮可调节所需的涂料流量,逆时针转动涂料控制旋钮可增大出漆量,顺时针转动涂料控制旋钮则减小出漆量。

以上三项需配合调整,才能确定喷枪的调整是否合理,可以在遮蔽纸或报纸上测试。以整板喷涂喷枪调节为例,使用 HVLP 喷枪时,喷枪与测试纸相距 13~17 cm,而使用传统喷枪时则相距 18~23 cm;将扳机完全按下,然后立即松开,喷出来的涂料应在纸上形成均匀的满足扇面要求的形状,扇面高度应为 20 cm 左右;将风帽旋转 90°并旋紧,此时喷枪喷出的喷幅图案将是水平的;按下喷枪扳机再喷一次,这次喷涂时间可以稍微长 1~2 s,看到涂料开始往下流即可以松开,检查流下涂料的长度,如果所有的调节都合适,则整个扇面各个位置涂料流下的长度应大致相等;如果流痕两边长中间短,则表示喷出涂料流量调整过小或气压调整过高。喷枪风帽测试如图 3-32 所示。扇面调整过宽或涂料黏度过低也可能出现这样的结果。如果流痕中间比两边长,则说明出漆量过大或气压调整过小,扇面调整过窄或涂料黏度过高也可能会出现这样的结果。喷枪测试的流痕如图 3-33 所示。

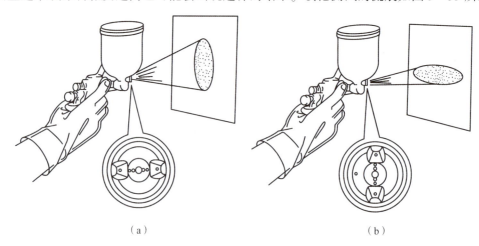

(a) (b)

图 3-32 喷枪风帽测试

(a)未旋转 90°;(b)旋转 90°

4. 喷枪操作的注意要领

获得高质量喷涂的重点有 2 个:第一个是正确调整喷枪,第二个是正确的喷涂技术。以下是喷枪喷涂操作的要点。

（a） （b） （c）

图 3-33 喷枪测试的流痕

（a）涂料调节合适；（b）涂料漆量过小或气压过高；（c）涂料漆量过大或气压过小

（1）如图 3-34 所示，持枪方法是用手掌、拇指、小指及无名指握住喷枪，中指和食指用以扣动扳机。也可用拇指、手掌配合小指和无名指握枪，中指用来扣扳机，食指用于稳定喷枪。

图 3-34 持枪的方法

（2）喷枪与工件表面保持垂直和合理距离。工件表面往往有各种弧度，整板喷涂是移动喷枪的同时保持喷枪与工作表面成 90°，并以与表面相同的距离和稳定一致的速度移动，否则会导致涂层不均匀，涂层过厚的位置可能导致流挂，而涂层较薄的区域则可能导致流平、亮度不佳或产生橘皮。

（3）如图 3-35 所示，当进行驳口修补时，喷枪需要进行弧形移动，以保证底漆部位得到均匀遮蔽，而驳口区域逐渐变薄使颜色得到过渡。

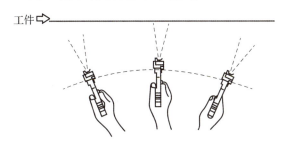

图 3-35 驳口修补时喷枪弧形移动喷涂

（4）无论是整板喷涂还是驳口修补，为了节约涂料，避免两侧涂料喷涂过多导致流挂，造成不必要的浪费，在开始喷涂即起枪时，按下扳机的同时应以弧线形移动喷枪，在喷枪移动到离开喷涂区域边缘的位置时应松开扳机，以使喷涂区域边缘位置的涂膜厚度合理。

（5）喷涂距离与涂层质量好坏有密切的关系，喷枪离得太近，涂层会过厚，容易造成流挂或橘皮等缺陷。如果喷枪离得太远，会使飞漆增多，涂层粗糙光泽过低。喷涂距离与喷涂工件大小有关，整板喷涂时，喷涂距离为 20 cm 左右，大致相当于手掌张开，拇指指尖至小指指尖的距离。小修补时，喷涂距离通常为 10~15 cm。

（6）喷枪的移动速度通常为 30~60 cm/s，这取决于涂料的种类及喷涂要求，也与扇面重叠有关。一般情况下，第一遍喷涂时喷枪的重叠为 1/2，第二遍、第三遍喷涂时喷枪的重叠为 3/4 或 2/3。喷枪的移动速度要适中、稳定一致，移动速度过快，会使涂层过干，流平性、光泽度、清晰度都较差；移动速度过慢，会使涂层过厚发生流挂。

（7）底色漆雾喷时往往采用 1/2 重叠，同时快速移动喷枪以喷涂较薄的涂层。第一遍喷涂时喷枪的喷嘴位置应正好对着上边缘，第二遍反方向移动时，喷嘴位置正对第一遍喷涂涂料下边缘，这时重叠幅度为 1/2。

（8）喷涂路线应按从高到低、从左到右、从上到下、先里后外的顺序进行。先喷涂拐角或边缘，然后从工件的最上端开始喷涂。

5. 喷枪的清洁及维护

对喷枪进行良好的清洁和维护是喷枪使用寿命及喷涂质量的保证。喷枪使用完毕后应立即清洗，尤其是双组分涂料，如果不及时清洗，涂料就会在喷枪中变干，导致喷枪损坏甚至报废。

喷枪的清洗方法有手工清洗和使用洗枪机清洗。无论采用哪一种清洗方法，清洗喷枪的关键部位是枪杯、涂料通道、风帽及喷嘴的清洁。

手工清洗的方法如下。

（1）将剩余涂料倒入专用废弃物收集容器，枪中加入少量清洗溶剂，用毛刷洗净枪杯。按下扳机使溶剂流出，冲洗涂料通道及喷嘴。

（2）为了洗净风帽内部的涂料，把风帽卸下，用毛刷及溶剂清洁空气帽及喷嘴。如果有必要清洗枪针，再旋下内置弹簧的涂料流量调节旋钮，抽出弹簧及不锈钢枪针，用毛刷及溶剂小心地清洗枪针，防止枪针受损、弯曲变形。

手工清洗喷枪

（3）如果有必要清洗喷嘴，可以用专用扳手小心卸下喷嘴，用毛刷及溶剂清洗。喷嘴通常无须每次清洗，在喷枪使用频率较高的情况下，每月清洗 1 次。

（4）如果喷嘴、风帽、枪针等金属构件上面有较难清洗的涂料，则可将它们浸泡在溶剂中，但不要把其他部位乃至枪身整体浸泡在溶剂中，因为这会使密封圈硬化受损，影响喷枪的雾化及喷涂质量。

（5）不能用针或任何金属硬物清洁喷嘴和空气帽上面的孔，以免导致喷嘴或雾化孔变形。如果需要，可以使用软毛刷清洁。

（6）清洗完毕后，先安装喷嘴（注意适当的松紧度），再安装枪针、弹簧、涂料流量调节旋钮、风帽及枪杯。安装好后加入少量溶剂，在具有抽排风的地点用压缩空气完全吹干净喷枪中溶剂。

目前市面上常见的洗枪机有快速洗枪机（见图 3-36）和普通洗枪机（见图 3-37）。快速洗枪机可以方便快捷地清洗喷枪，清洗时将枪杯卸下，能够快速地洗净喷枪涂料通道、风帽、喷嘴等位置,快速清洗喷枪可以接着喷涂另外一种颜色或者其他涂料。使用免洗枪壶时,由于无须清洗枪壶,则清洗一般在 30 s 内就可以完成。

图 3 – 36　快速洗枪机

图 3 – 37　普通洗枪机

喷枪快速清洗机

使用洗枪机的好处是清洗效率较高,洗枪后的废溶剂可以集中收集、储存、处理,有利于环保。清洗过程中产生的挥发物也较手工清洗喷枪少。

使用洗枪机清洗的方法是:将喷枪和涂料杯的较脏部位预清洗一下;连接喷枪清洗机空气接头并完全打开气压调节旋钮,将喷枪扳机拉至完全打开并固定好;将喷枪放在洗枪机内正确的位置上,盖上盖子;设定清洗时间后打开阀门,气动泵会将溶剂输送到洗枪机中的清洗喷头处,清洗喷枪的喷嘴、涂料通道等位置;清洗完毕后,按下吹干按钮,吹除涂料通道中的残留溶剂;取出喷枪,手工补充清洁未洗净的地方,并用干净的抹布擦干喷枪的外部。具体每种洗枪机的使用方法有所不同,使用前需参照使用说明书。

无论是快速洗枪机还是普通洗枪机,都可以用于清洁喷涂溶剂型涂料的喷枪或喷涂水性涂料的喷枪,只需要使用不同的清洗液(清洁剂)即可,但由于溶剂型涂料的废弃物和水性漆废弃物的处理方式不同,故洗枪机需要专用于溶剂型涂料或水性涂料,不能混用。

6. 喷枪故障的诊断

喷枪在使用过程中,由于使用不当、清洁和维护不当、老化等原因,可能发生故障。喷枪发生故障时应能根据故障现象分析原因,如果是喷枪某些部位堵塞、不清洁造成的,清洁喷枪即可解决;如果喷枪磨损、损坏,则交给专业喷枪厂商进行维修。常见的喷枪故障现象及解决方法如表 3 – 6 所示。

表 3 – 6　常见的喷枪故障现象及解决方法

| 故障现象 | 可能的故障原因 | 解决方法 |
| --- | --- | --- |
| 喷涂图案向左或向右呈新月牙形,或上下不均(上重下轻或下重上轻呈手榴弹形) | (1) 风帽上面的角孔堵塞或受损;<br>(2) 喷嘴堵塞或受损 | 将风帽旋转 180°进行喷涂测试,如果喷涂图案仍向原来的方向偏,则应是喷嘴堵塞或损坏;如果喷涂图案和原来相反,则检查风帽,如果是堵塞,清洗即可;如果是损坏,则需要更换 |

续表

| 故障现象 | 可能的故障原因 | 解决方法 |
|---|---|---|
| 喷枪喷涂不连续 | （1）喷枪密封受损；<br>（2）喷嘴安装松弛；<br>（3）枪杯内涂料不足；<br>（4）涂料通路堵塞；<br>（5）吸力式喷枪枪杯顶部进气口堵塞 | （1）更换新热圈；<br>（2）重新安装喷嘴，松紧度合适；<br>（3）添加涂料；<br>（4）清洗喷枪；<br>（5）清洁吸力式喷枪枪杯顶部进气口 |

## （六）干燥设备

**1. 红外线烤灯**

红外线烤灯是一种可移动、可变性的烤干设备，用于原子灰、底漆、面漆等各个部位的局部强制干燥，以提高工作效率。它依靠被照物吸收光能转换成热能，使物体升温，适用于所有可加热固化涂料的烘干和干燥工序。图3-38为各种红外线烤灯。

图3-38 各种红外线烤灯

红外线辐射加热具有如下特点。

（1）热能靠光波传导，穿透力强，被涂膜和物体吸收，升温速度快，通常2 min即可升至60 ℃。

（2）涂料的底层先吸收能量升温，能实现漆膜由里向外干燥，热能损耗小，漆膜干燥速度快，且与涂膜干燥过程中溶剂的蒸发方向一致，这样就不易产生由于有溶剂封在涂膜内部而导致的针孔、溶剂泡、失光等缺陷，漆膜质量高。

（3）操作方便，通常烤灯距离工件表面需80~120 cm。生产效率高。

（4）红外线辐射有方向性，可以进行局部加热。

（5）烘烤时，深颜色漆面较浅颜色漆面升温快，银粉漆中铝粉会反射热导致升温慢，银粉含量越高，升温越慢，必须设定合理烘烤时间。

（6）塑料件烘烤时要格外小心，避免温度过高使材料变形、软化、熔融。烘烤车体时,对于无须烘烤的塑料件、轮胎,可使用铝箔保护,铝箔能反射红外线波,避免这些物件受到烘烤而损坏。

2. 烘箱

烘箱在喷涂作业中多用于喷涂样板的烘干,一般为柜式结构,加热方式一般为电加热和红外线加热,它的特点是保温性能好、占地面积小。烘箱如图3-39所示。

图3-39 烘箱

## (七) 抛光工具

抛光机是利用抛光垫对已喷涂的外涂层进行光整加工的设备,有电动机驱动和压缩空气驱动两种类型,如图3-40所示。目前,电动机驱动的抛光机比压缩空气驱动抛光机应用得普遍。

(a)                    (b)

图3-40 抛光机
(a) 电动机驱动;(b) 压缩空气驱动

抛光机的特点:电动机驱动型转矩大,能保证在有负载的情况下旋转稳定,但需要较大的力来维持它的运动;压缩空气驱动型在有负载时速度下降,只需要较小的力就可以维持它的运动。

与抛光机配套使用的还有抛光垫(见图3-41),抛光垫有3类:毛巾式抛光垫、毛绒式抛光垫和海绵式抛光垫。在这3类中,毛巾式抛光垫的研磨效率最高,它一般与中、粗颗粒的抛光剂配套使用;海绵式抛光垫留下的抛光痕迹最小,常用于修饰;毛绒式抛光垫则居于二者之间。表3-7列出了3类抛光垫的比较。

表3-7　3类抛光垫的比较

| 抛光垫类型 | 研磨效率 | 抛光痕迹 |
|---|---|---|
| 毛巾式抛光垫 | 高 | 非常显著 |
| 毛绒式抛光垫 | 中 | 显著 |
| 海绵式抛光垫 | 低 | 最不显著 |

抛光剂是抛光过程中不可缺少的材料,所谓抛光剂就是混合在溶剂或水中的研磨微粒,它按微粒的大小分为粗、中、细、很细和超细几个等级。微粒较大的抛光剂用于修整缺陷,而微粒较小的抛光剂则用于产生光泽。它们在抛光过程中均会被粉碎为更小的微粒,粗粒起初的研磨效率较高,但随后变小,很快便起产生光泽的作用(见图3-42)。使用时注意,含硅酮的抛光剂有时用于产生光泽,但是它们不可在喷涂场地或其附近使用,因为它们的微粒可能四处飞散,从而造成其他车辆的喷涂缺陷(鱼眼)。

图3-41　各类抛光垫

图3-42　抛光效果

## (八)其他工具

### 1. 搅拌器

对于车身表面精修工作,要想获得良好的效果,涂料的彻底混合与搅拌是至关重要的。尤其对于金属面漆是必不可少的,这种涂料内含有金属颗粒,由于重力的作用,金属颗粒会沉淀在容器的底部,因此金属漆使用前必须彻底混合,而其他油漆由于长时间放置也会出现混合不均匀的现象,使用前也必须进行彻底搅拌,最快的办法就是使用涂料搅拌器(见图3-43)。

### 2. 电子秤

称涂料用的电子秤(见图3-44),可以帮助计算适当的混合比。

项目 3　涂装设备与工具的使用

图 3-43　搅拌器　　　　　　　　　图 3-44　电子秤

### 3. 水性漆保温柜

水性汽车修补漆在高温下不利于长期储存和使用，因此，水性漆合适的储存温度为 5~35 ℃。水性漆保温柜（见图 3-45）配备有加热器和温度控制器，可进行温度设定，在环境温度低于设定值时，保温柜自动启动加热器，保证柜内温度在合理范围内。保温柜温度通常设定为 20 ℃ 左右。到达设定的温度后，保温柜自动停止加热。

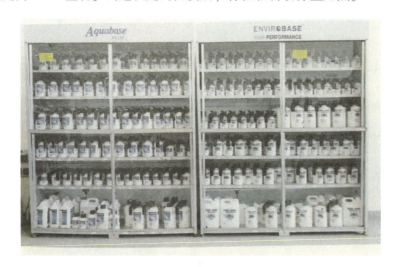

图 3-45　水性漆保温柜

### 4. 搅杆（比例尺）

搅杆用于将原子灰、中涂底漆或面漆混合均匀。有些搅杆带有刻度（见图 3-46），在计量适当的固化剂方面很有用。

### 5. 吹风枪

使用水性漆专用吹风枪，可加快水性漆干燥，提高工作效率。水性漆专用吹风枪如图 3-47 所示。

063

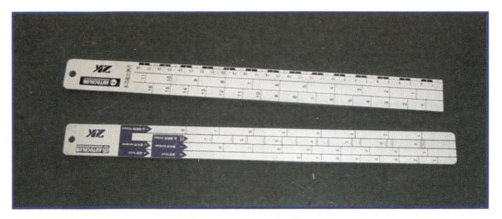

图 3-46 搅杆（比例尺）

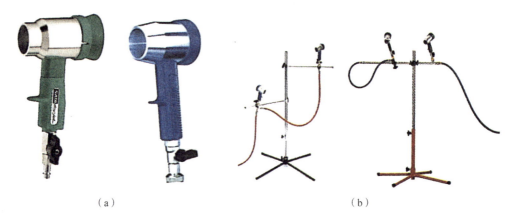

（a）　　　　　　　　　　　　　　（b）

图 3-47 水性漆专用吹风枪
（a）便携式；（b）支架式

**6. 水性漆喷枪**

由于水性底色漆的遮蔽性能往往优于溶剂型油漆，与溶剂型油漆喷枪相比，需要水性漆喷枪提供更精细的雾化效果及更宽的喷幅扇面，以保证水性漆良好的遮蔽性能，并降低水性漆用量。故水性底色漆喷枪的喷嘴口径一般为 1.2~1.3 mm，空气帽的雾化效果更好。喷涂水性底色漆推荐使用 HVLP 类型的水性漆喷枪，如 SATA、WSB 等。喷涂水性漆时应尽可能使用带气压表的专用喷枪（见图 3-48）。

图 3-48 外接数字气压表水性漆喷枪

# 三、项目实施

## 任务一 喷枪使用及维护（视频扫码观看）

任务内容如下。
（1）如何正确使用喷枪。
（2）喷枪移动技巧。
（3）喷漆喷涂案例。
（4）SATA系列喷枪介绍。

喷枪的使用及维护1

喷枪的使用及维护2

喷枪的使用及维护3

喷枪的移动操作

喷枪喷漆视频

喷枪喷涂全车漆案例

SATAjet系列–1000–R–RP喷枪

SATAjet系列–1500–B喷枪

SATAjet系列–X–5500喷枪

## 任务二 虚拟仿真喷涂设备使用及维护（视频扫码观看）

任务内容如下。
（1）虚拟仿真喷涂设备使用须知。
（2）虚拟仿真喷涂设备应用技巧。
（3）虚拟仿真喷涂设备维护知识。
（4）虚拟仿真喷枪的使用。
（5）虚拟仿真喷涂中涂底漆。
（6）虚拟仿真喷涂水性底色漆。
（7）虚拟仿真喷涂清漆。

虚拟仿真喷涂设备认识

虚拟仿真喷涂设备使用

虚拟仿真喷涂设备维护

虚拟仿真喷枪的使用

虚拟仿真喷涂中涂底漆

虚拟仿真喷涂水性底色漆

虚拟仿真喷涂清漆

## 四、自我测试题

**简答题**

1. 汽车修补漆喷枪以不同的分类方法可以分为哪些类型？
2. 汽车修补漆喷枪的使用及清洁维护要点有哪些？
3. 汽车修补漆涂装所需要的压缩空气供气系统应具备怎样的配置要求？空气压缩机应配套什么设备？压缩空气供气管线应达到什么要求？
4. 请列出不同偏心距的双动作打磨机所适用的操作。
5. 使用报纸贴护的缺点有哪些？
6. 使用遮蔽纸、遮蔽膜贴护的优点有哪些？
7. 汽车修补漆应使用哪种红外线烤灯烘烤干燥？为什么？
8. 用于汽车修补喷涂企业的紫外光固化底漆使用哪种类型的紫外光灯？为什么？
9. 水性修补漆喷枪和溶剂型修补漆喷枪的主要区别是什么？
10. 能否使用喷枪或普通空气枪代替水性漆吹风枪？为什么？
11. 使用免洗枪壶有什么好处？
12. 用指甲划漆面来判断漆膜硬度是否合理？

# 项目 4

## 前处理工艺

## 一、项目描述

汽车由于外力碰撞，车身损伤部位的旧涂层已受损，为了确保底漆与基材牢固的附着力，原子灰与底漆、基材的结合力，需要对汽车板材受损部位进行评估、清洁、清除旧漆膜、施涂底漆、原子灰和中涂底漆等操作，为后续面漆施涂提供合适的板材处理基础，确保汽车漆面修复质量。

对裸露的板材，经底材处理和喷涂底漆后，即可进行施涂原子灰的操作。对于损坏漆面的修补，一般经过底材处理后，即可直接刮原子灰。对于非常平整的板件，喷完底漆后，即可进行面漆的涂装。微观上看，对于不够平整的表面，特别是经过钣金处理后的表面，由于凹凸较大，底漆很难将其填平，因此在喷涂面漆前，需要进行原子灰和中涂底漆等中间涂层的涂装才能进行后续工作。前处理工艺质量是后续面漆施涂的关键。

1. 知识要求
(1) 熟悉汽车受损部位检查评估方法。
(2) 熟悉汽车受损部位表面处理方法。
(3) 熟悉汽车受损部位底漆施涂方法。
(4) 熟悉原子灰施涂目的、步骤以及研磨方法。
(5) 熟悉遮蔽目的、材料、步骤以及方法。
(6) 熟悉中涂漆喷涂目的、步骤以及干燥与打磨方法。
(7) 熟悉塑料件前处理目的、步骤以及方法。
(8) 熟悉铝合金前处理目的、步骤以及方法。

2. 技能要求
(1) 掌握底材处理的施工工艺。
(2) 学会原子灰的刮涂、干燥与打磨。
(3) 学会中涂底漆的喷涂、干燥与打磨。
(4) 掌握塑料件前处理施工工艺。
(5) 掌握铝合金前处理施工工艺。

3. 素质要求
(1) 个人能正确进行安全防护用品的选择及穿戴，具备车间安全意识。
(2) 5S管理、环境保护持续改善。
(3) 养成受损板件的维修质量和效率意识。

## 二、相关知识

### （一）涂层鉴别

鉴别原涂装表面的涂料类别和底材类型在重涂工艺中是非常重要的。如果旧涂膜或底材没有正确地鉴别,盲目地进行施工,那么很容易出现新旧涂层或新涂层与底材间不配套,导致整个涂装作业的返工。

汽车涂装修理中常用的鉴别旧涂层的方法如下。

1. 涂抹溶剂法

(1) 穿戴好劳动保护用品。

(2) 用棉纱蘸硝基稀释剂,如图4-1所示。

(3) 用棉纱在原涂装表面的旧涂膜上或车身隐蔽部位轻轻擦拭,如图4-2所示,检查棉纱上是否掉色。

(4) 观察棉纱和涂层表面状况,确定涂层类型。

如果棉纱上粘有车身颜色或涂层出现溶解,则说明旧涂层使用的是溶剂挥发型涂料。此种涂层在维修时要充分考虑新涂层中的溶剂成分是否会溶解原涂层,造成咬底、起皱等涂膜缺陷。

图4-1 蘸硝基稀释剂

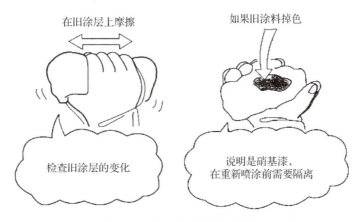

图4-2 检查棉纱上是否掉色

如果不掉色或涂层没有出现溶解,则说明旧涂层使用的是烘烤聚合型或双组分型涂料。此种涂层在修补时一般能经受新喷涂层中溶剂的溶解,施工时稍加注意可避免出现涂膜缺陷。

如果原涂膜膨胀或收缩,则为未完全硬固的烘烤聚合型或双组分型涂料。此种涂层在修补时也要考虑到新喷涂层中的溶剂是否会溶解原涂层,造成各种涂膜缺陷。

2. 打磨法

(1) 穿戴好劳动保护用品。

(2) 用棉纱蘸少许粗蜡或用砂纸打磨待涂漆面,如图4-3所示。

(3) 观察棉纱或砂纸表面,若表面粘有有颜色的涂料,则说明漆面是单工序面漆;若没有粘上有颜色的涂料,则说明漆面是双工序(色漆+清漆)面漆。若漆面表层结构粗糙,经摩擦后产生类似抛光的效果,则说明涂敷的是抛光型漆;假设用砂纸打磨漆面,漆层有弹性且砂纸黏滞,则说明是未完全固化的烤漆。打磨后的效果如图4-4所示。

3. 检测硬度法

由于各种面漆干燥后涂膜的硬度不同,因此可以通过简单的使用手指压或用指甲划的方法来检测。一般没有指纹印或指甲印的是固化较好的原厂漆或双组分型漆,有印痕的是自干漆或固化不好的双组分型涂料。

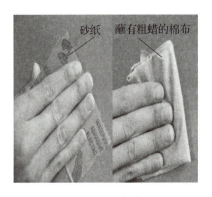

图 4-3 打磨漆面

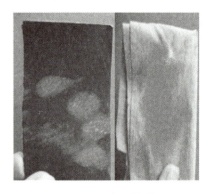

图 4-4 打磨后的效果

对于不耐溶剂、打磨掉色或硬度不高的旧涂层，在重涂时最容易出现涂层不配套的问题，一般要经过封闭处理，但是最彻底的处理方法还是清除掉整个旧涂层。

## (二) 常用底材的鉴别方法

汽车涂装修理中常见的底材鉴别方法如下。

1）钢材的判断

钢板机械强度较高，表面比较粗糙，未经加工的表面一般呈现灰黑色，有些部位会有铁锈存在。钢板表面经粗砂纸打磨后会显露出白亮的金属光泽，但从侧面观察，颜色有些变暗。钢板耐强碱侵蚀的能力较强，使用强碱对经过打磨后的表面进行浸润或涂抹一般不会有太大的反应。

2）镀锌板的判断

未经加工的镀锌板表面常有银色的光芒，有些镀锌板表面有鱼鳞状花纹。使用中的镀锌板表面没有锈渍，裸露处常显现灰白色，经过砂纸打磨的地方比钢材表面更加白亮，且侧光时变暗的程度也要轻一些。镀锌板不像钢板耐强碱的侵蚀，使用强碱浸润或涂抹时会留下发黑的痕迹。

3）铝及铝合金的判断

铝是比较活泼的金属，呈银白色具有光泽，纯铝的机械强度较低。若加入少量的其他金属元素，如 Mg、Cu、Zn 等，则可制成各种类型的铝合金，机械强度会大大提高。随着车身轻量化的要求，许多车身用铝材代替钢材制作覆盖件，甚至还出现了全铝车身，铝及铝合金的底材在车身上的应用越来越普及。

纯铝在常温、干燥空气中比较稳定，这是因为铝在空气中与氧发生反应，在表面生成一层薄而致密的氧化膜，可以起到很好的保护作用。在铝中加入 Mg、Cu、Zn 等虽然提高了机械强度，但却降低了耐蚀性，这就需要根据使用环境的要求，经过一定的表面处理，再涂装所需的涂料加以保护。

铝及铝合金板材比钢板表面光滑，涂膜附着力差，在进行化学处理前，与其他金属板材一样，先要进行清洗，去掉油污和杂物。清洗时应注意铝制品不像钢材能耐强碱的侵蚀，不能使用强碱的清洗液清洗，一般采用有机溶剂脱脂法、表面活性脱脂法清洗，或由磷酸钠、硅酸钠等配制的弱碱性液清洗。

铝及铝合金板材在打磨过程中会产生铝粉尘，当其浓度达到一定程度时，遇到明火或火花容易导致爆炸，所以对于铝及铝合金底材的打磨应建立专用的铝材打磨车间，使用专用的铝干磨设备。铝的机械强度较低，汽车上一般使用铝合金板材。铝合金板材的机械强度较好，但质量较轻，板材表面比钢板和镀锌板都要光滑，不耐强碱，经处理后表面形成氧化膜，打磨后可显露白亮的内层金属。通过打磨后涂抹强碱的方法，可以比较准确地加以区分。

对于不同底材，其表面前处理方法是不一样的，其后续涂层涂料的选用也有所区别，所以一定要认真鉴别后不同对待。

## （三）表面损伤评估

**1. 防护器具**
棉纱手套。

**2. 所需物品**
直尺、标记笔。

**3. 检查步骤**
目视→触摸→按压→对比。

1) 损伤评估表面——目视

通过目视（见图4-5）评估受损部位，标记受损部位的上、下、左、右的变形边缘，确保受损部位的边缘全部标记在范围之内。

要点

（1）观察车身板件上反射的荧光灯光线时，逐渐改变视线角度以评估其扭曲度。

（2）多角度、大范围观察车身板件表面，不要忽略任何受损部位。

（3）清洁钢板，以免忽略掉其他受损部位。

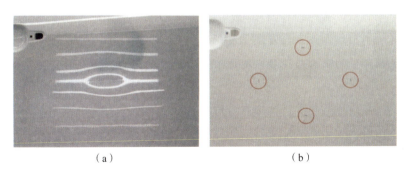

（a） （b）

图4-5 目视

(a) 根据荧光灯反射光线评估扭曲度；(b) 画圆圈标记损伤边缘点

2) 损伤评估表面——触摸

手触摸评估表面上的凹陷与凸起，确保已检查了所有凹陷与凸起。

要点

（1）带上棉手套触摸表面以检查是否平滑。

（2）全方位、大范围触摸表面，包括受损表面和未受损表面。

**注意**

（1）伸直手腕并将力集中在手掌，用手触摸表面（见图4-6），但不要对表面施加任何压力。

（2）两手交替触摸表面，或先触摸未受损表面，然后再触摸受损表面，这样更容易发现微小凹陷或凸起。

3）损伤评估表面——按压

评估车身板件表面上的张力，确保受损表面与未受损表面的张力相同。

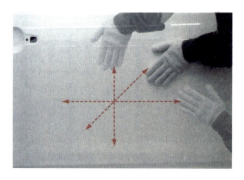

图4-6 用手触摸表面

**要点**

（1）如图4-7所示，用拇指向表面施加足够的压力，直到指甲尖变白。

（a）

（b）

图4-7 按压
(a) 用手指检查；(b) 进行张力对比

（2）将受损部位的张力与受损点附近未受损部位的张力，以及另一侧钢板的张力进行对比评估。

（3）目视检查的未受损部位的张力有时可能偏小，因此，需检查整个钢板的张力。

4）损伤评估表面——对比

将受损部位与未受损部位做对比，评估两者间的差异。

**要点**

（1）如图4-8所示，在未受损表面和受损表面上放一把直尺，然后通过直尺和表面之间的空隙、直尺的移动来判断受损情况。

（2）如果整个钢板完全受损，则使用另一侧钢板进行对比。

如果在用直尺评估时，损坏件有凸出部分高出工件的基准面，将影响评估操作及后续涂层的施工，此时应用冲子或尖嘴锤将凸出部分敲平或使其稍低于基准面，如图4-9所示。此法能较好地判断出微小变形量。

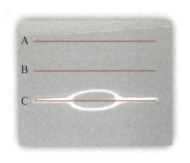
(a)

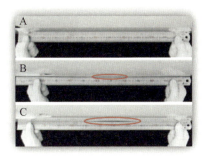
(b)

A—未受损；B—凸起；C—凹陷。

图 4-8 对比

(a) 评估差异；(b) 用直尺确认

5) 标记受损范围

标记已评估的受损部位，确保全部标记出受损部位。

**要点**

(1) 带上棉手套触摸表面以检查是否平滑。

(2) 以圆圈表示受损部位，如图 4-10 所示。

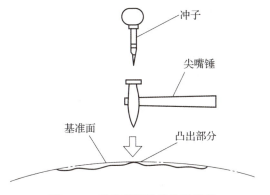

图 4-9 敲平损坏件的凸出部分

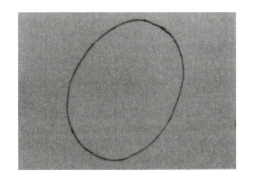

图 4-10 标记受损部位

## （四）内涂层涂料的选定

### 1. 底漆涂料

在金属板面上涂底漆一般要涂 2～3 遍。每涂完一遍之后，要留一段时间干燥，待干燥完之后再涂下一遍。待底漆完全干固后，用打磨块将表面打磨平。另外，涂装施工时还应根据底材的不同选用不同的底漆涂料，现代汽车修复用底漆涂料有钢板、镀锌钢板、铝材、塑料等表面的专用底漆涂料。生产厂家提供的一些金属配件是已经喷涂过底漆涂料的，这些底涂层用于增强附着能力和防腐能力，最好不要随意清除掉，应在原厂的底涂层上再喷涂一层底涂层。

### 2. 原子灰

原子灰的涂敷分为 4 个阶段进行，即准备阶段、配制阶段、涂敷阶段和原子灰打磨与修整阶段。

1）准备阶段

（1）清洁和除油。

清洗待修理表面及周围的泥土和灰尘，用除油清洁剂清除表面的蜡、柏油和油脂。有钎焊接头的，用苏打水洗刷焊头，以中和其中的酸性。

清洁除油

（2）去除旧漆。

使用单动作打磨机或偏心距 7~12 mm 的双动作打磨机配合 80 号砂纸打磨，去除旧漆层。

清除漆膜和灰尘

（3）制作羽状边。

使用偏心距 7~9 mm 的双动作打磨机配合 120 号砂纸打磨羽状边。

（4）最终清洁。

在用磨掉修理部位油漆之后，用压缩空气吹除打磨灰尘，然后用黏性布彻底擦拭表面。

打磨羽状边

（5）施涂环氧底漆。

施涂环氧底漆（见图 4-11）的步骤如下。

①施涂环氧底漆或原子灰之前，必须对施涂区域再次清洁、除油。

②擦涂或者喷涂环氧底漆。环氧底漆的作用是防锈和提供附着力，只需要 15~20 μm 的厚度，所以喷涂一层即可。之所以选择擦涂环氧底漆，是因为下一步要刮涂原子灰并打磨，故对底漆的平整度要求不高。

③待环氧底漆完全干燥后再刮涂原子灰。可以采用短波红外线烤灯烘烤。烘烤的具体时间需遵照具体的产品说明书要求。

图 4-11　施涂环氧底漆

2）原子灰的配制

（1）在取出原子灰之前，将罐内的原子灰充分搅拌均匀，如果罐内的原子灰固化了，则可倒入专用的溶剂。如是重型填充剂，最好用油漆搅拌器。在取出硬化剂之前，先打开盖子排出空气，再盖上，然后充分捏合装有硬化剂的软管，使管内的硬化剂混合均匀。混合均匀后，挤出硬化剂的软硬程度若类似牙膏，则说明正合适；若像水一样稀薄，则说明硬化剂已经失效。

施涂环氧

（2）取出相当于一鸡蛋大小分量的原子灰放在混合板上，然后将硬化剂从软管中挤出，放在原子灰的旁边，注意不要将硬化剂直接挤在原子灰上。

（3）使用刮板将硬化剂和原子灰充分混合（直到混合物颜色均匀一致）。必须使用刮研的方法进行混合，而不能使用搅拌的方法，以免混合过程中空气进入混合物，造成涂装后产生空洞。

混合原子灰

操作过程中要注意以下事项。

(1) 原子灰在使用前需用清洁木棒上下搅拌均匀，因为原子灰在储运过程中会造成上下层不均。若使用上层稀的部分，则涂膜会垂流、固化慢、打磨时产生毛边；喷漆后表面发黏、起泡、凹陷收缩痕。若使用下层过稠的部分，则涂膜太粗糙，附着不佳，有细孔和毛边。

(2) 在取出原子灰以后，不要在罐口刮除粘在混合棒上的原子灰。

(3) 目视硬化剂的状况，检查是否失效。如呈半透明分离液体，必须弄均匀成糊状，才可使用。不然会使涂膜固化不佳，表面发黏，喷漆后涂膜起泡、凹陷、有收缩痕。

(4) 硬化剂取用比例需准确，原子灰和硬化剂取用的质量比一般为：夏季100：(1~2)，冬季100：(2~3)（或按供应商推荐的配比）。

比例失调可能造成的缺陷是：硬化剂过量，则放热过多，容易起泡及产生针孔，另外内部应力也增大，破坏金属表面与原子灰层之间的附着性，打磨性也不好；硬化剂不足，则固化不良，表面发黏，不易打磨或打磨的薄边不整齐，喷漆的附着性不佳，表面不干，有毛边、透色等出现。另遇温差变化，表面易生小裂纹。

(5) 原子灰主料与硬化剂混合应均匀，如混合不均，颜色不均一，涂膜固化也不均匀，漆后会产生附着力差、起泡、表面不平、透色等。

(6) 施涂原子灰前，必须对施涂区域再次清洁、除油，并施涂环氧底漆。

3) 原子灰的涂敷过程

涂敷原子灰的过程是：第一次，刮刀几乎垂直，施涂一薄层，将原子灰压入最小的划痕和针孔，从而增大附着力；第二次和第三次，刮刀倾斜35°~45°，原子灰量略多于所需要的量；最后一次施涂，刮刀与工件表面持平，使表面平整。每一次施涂都逐步扩大施涂的面积，边缘要薄，形成斜坡，不要产生厚边。

施涂原子灰

最后一次施涂时刮刀反向移动，原子灰必须比原来的表面略微高一点，施涂范围为打磨过的区域，必须在混合以后大约3 min以内施涂，刮刀用后立即用清洗稀释剂冲洗，确认原子灰已经凉透才能将之弃置。

4) 原子灰的打磨与修整

(1) 原子灰的干燥。

新施涂的原子灰会由于其内部的反应热而加速固化反应。一般说来，在施涂以后20~30 min 即可打磨，如果气温低或者湿度高将降低原子灰的固化反应速度，从而要较长的时间来使原子灰固化。为了加快固化，可以用红外线灯或干燥机加热，但应使原子灰的表面温度保持在500 ℃以下，以防止原子灰分离或龟裂。

涂层薄的地方温度往往比涂层厚的地方低，这会减缓薄涂层的固化，要检查原子灰是否可以开始打磨，可以用手指甲在较厚的表面上划一下，如果出现坚硬的白色痕迹，便可以开始打磨。

(2) 原子灰的打磨。

原子灰打磨以干磨为好，采用水磨的方法，原子灰会吸收大量的水分而很难完全挥发掉，对以后的涂装工作造成很多困难。

原子灰的打磨可以使用80~240号干磨砂纸、配合7 mm 偏心振动打磨头进行，首先用80号的砂纸打磨，按前后、左右、对角的方式移动，打磨整个表面。然后使用大约120号砂纸仔细打磨表面，并注意使用原子灰表面与原涂层以羽状边接合，不可留有台阶。最后使用大约180号砂纸，轻轻打磨原子灰及周围区域，以调整原子灰和周边区域的高度偏差，并使原子灰表面与原涂层以羽状边平滑接合。

经过打磨后的原子灰表面，有时会存在小坑、针孔等缺陷，为了使这些缺陷显现出来，必须使用压缩空气吹枪尽量靠近表面将孔中的灰尘吹出。

（3）涂敷填眼灰。

检查原子灰表面是否打磨过度，若低于正常表面，先进行清洁和除油工作，然后重新施涂原子灰，干燥后打磨平整。

若原子灰的表面高度正常，但有小针孔和划痕，则先进行清洁和除油工作，再用抛光填眼灰填充微小针孔和划痕。如果使用聚酯型填眼灰，应按厂家规定将填眼灰与硬化剂混合好，用干净的橡皮刮板将填眼灰在填充剂表面抹上一薄层。如果使用硝基填眼灰，由于干燥快，因此抹的次数应尽可能少。待填眼灰完全干燥后，用240号砂纸磨光。接下来就可以按喷漆工艺喷中涂和外层涂料。

若原子灰的表面高度正常并且没有明显的针孔，则清洁和除油之后，直接喷涂中涂漆（二道浆）。中涂漆在调配以前需要经过长时间的搅拌，如立即进行调配容易造成涂膜过薄，填充能力差。施工时选用口径大些的喷枪，一般喷涂2遍，每遍间隔时间5～10 min（常温），全部喷涂完毕后，静置5～10 min。然后按要求加温到适当温度，并保持足够的时间，待完全干燥后才可进行打磨处理，中涂漆的打磨一般使用400～600号干磨砂纸配合3 mm偏心振动打磨头来进行。打磨过程中根据需要可重新喷涂中涂漆或重刮原子灰再喷涂中涂漆，一定要保证打磨后的中涂漆表面非常平滑，因为任何小的缺陷都可能在面漆上显露出来。

### 3. 中涂底漆

1）喷涂

喷涂前，先用压缩空气清除表面粉尘。车身常用中间漆种类不同，其作业方式也有一定的差异。要确定好是单独使用底漆涂料、底漆密封涂料或底漆填实涂料，还是与原子灰配合使用。一般取决于以下3个因素：

（1）基层的情况（光滑的或粗糙的，裸露的或已喷涂的）；

（2）基层涂层的类型；

（3）需要喷涂的外涂层类型。

另外，中涂漆在调配前需要经过较长时间的搅拌，因为其中的填料成分很多，沉淀比较严重，如不经过充分的搅拌就进行调配，容易造成涂膜过薄，使填充能力变差。现在常用的中途漆多为双组分，在调配时需严格按照说明添加固化剂和稀释剂，不可随意改变添加量或用其他品牌的类似产品代替。调配好的涂料应在时效期内尽快使用。

在喷涂中涂漆前要对工件表面进行必要的清洁处理，一般用清洁剂先清洁，再用粘尘布轻轻擦拭喷涂表面。由于中涂漆的施工黏度比较大，所以应选用口径大些的喷枪。中涂漆一般要喷涂2~3道，每道间隔时间5～10 min（常温），这是为了让该涂层达到闪蒸产品标签上推荐的最佳时间。待全部喷涂完毕后，再静置5～10 min，然后按要求加温到适当温度并保持足够的时间，待彻底干燥后即可进行打磨处理。

要严格按照喷枪气压和喷枪距离的规定规范操作,不然则会引起垂挂或喷涂表面粗糙等现象。另外,喷束直径和喷射流量应根据喷涂面积调整。喷涂面积应比修补的原子灰面积大,并逐渐加大每遍的喷涂面积。

2)干燥

中涂漆喷涂完后,应仔细检查涂装表面有无砂纸打磨痕迹、气孔及其他缺陷。若发现有缺陷,则可采用硝基类速干细灰修补,修补时用木刮刀或塑料刮刀薄薄地刮涂,切忌一次刮得过厚。若一次刮填不满,则可间隔 5 min 左右再刮。修整完毕后,一定要充分干燥后再进行打磨,如果干燥不充分,不仅打磨时涂料会填满砂纸,使作业难以进行,而且喷涂面漆后会出现涂抹缺陷等现象。常见的中间漆平均干燥时间如表 4 - 1 所示。

表 4 - 1　常见的中间漆平均干燥时间

| 中间漆种类 | 自然干燥（20 ℃） | 强制干燥（60 ℃） |
| --- | --- | --- |
| 硝基类 | >30 min | 10 ~ 15 min |
| 聚氨酯 | >6 h | 20 ~ 30 min |
| 合成树脂 | >3 h | >20 min |

寒冷的冬天,需采用红外线灯和热风加热器进行强制干燥。这不仅能加速干燥,提高作业效率,还能提高涂膜质量。但不能突然提高温度,应逐渐加热到 60 ℃ 左右。如果旧涂膜有起皱现象,则加热到 50 ℃ 左右为宜。

3)打磨

采用双动式打磨机打磨,所用砂纸粒度以 240 ~ 280 号为宜,打磨时不能用太大力压在涂膜上,只能稍用力沿车身表面移动。若用力过大,砂纸磨痕就会过深。用手工打磨板干打磨时(见图 4 - 12),也应使用软磨头或橡胶块,砂纸粒度为 280 ~ 400 号。

图 4 - 12　手工打磨

## (五)遮蔽方法

遮蔽是一种保护方法,是用胶带或纸盖住不要修饰的表面。这种方法也用于打磨、脱漆或抛光时保护相邻的表面。车身上不需要重新喷漆的部位必须做有效的遮蔽。遮蔽不当，漆雾将会落入这些地方，影响该部位表面漆的原有质量。特别是广泛使用双组分涂料时，遮蔽工作显得更为重要。因为一旦这些类型的涂料落到不需要重新喷漆的部位，干燥后，无法使用稀释剂或其他溶剂清除干净。所以，遮蔽工作是喷漆前非常重要的一项工作，一定要采用专用材料细心遮蔽。

1. 遮蔽材料

目前，我国的维修企业在涂装施工中大量采用报纸遮蔽汽车车身，这种做法是十分不科学的。因为报纸不耐热、不耐水、易损坏、折叠不好遮蔽不严，而且报纸还含有打印油墨，打印油墨对一些涂料溶剂是可溶的，这些物质接触到底涂层后会造成污点，进而造成车身涂装缺陷。所以，报纸作为遮蔽纸只能在一些低档车上使用。中高档汽车必须使用专用遮蔽纸（见图4-13）。

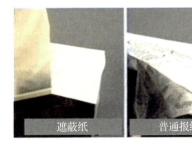

图4-13 专用遮蔽纸与普通报纸

在满足使用性能要求的前提下，选用遮蔽材料时，要考虑该材料的使用简易性及经济性。

1) 遮蔽纸

汽车用遮蔽纸有不同的规格尺寸，一般根据其宽度范围（76~900 mm）区分。汽车用遮蔽纸优于报纸的原因在于没有灰尘，且具有耐热性好、抗湿性强、纤维紧密（不掉毛）、防溶剂渗透性佳等特点，应用十分广泛。可以安全地用于烤漆房。

2) 遮蔽薄膜

遮蔽薄膜一般采用乙烯薄膜（见图4-14），其宽度一般比遮蔽纸宽，适用于遮蔽在大的表面上，防止喷涂外溢。

图4-14 乙烯薄膜

3) 防护罩

防护罩可以罩住整部汽车，而仅暴露需要涂装的部分（见图4-15），还有轮胎罩等。防护罩可反复使用。

4) 遮蔽胶带

遮蔽胶带有不同的宽度（见图4-16），其宽度范围为6~50 mm。涂装用的遮蔽胶带必须能抗热和抗溶剂，而且其不干胶应该在剥落后不会粘在车身表面上。遮蔽胶带的种类繁多，应根据需要选用适合的。细小的弯曲面使用窄胶带会有比较好的效果。

图 4–15 防护罩

遮盖案例 1

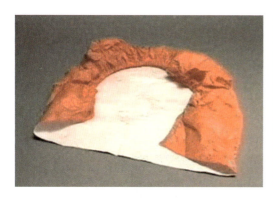

图 4–16 遮蔽胶带

2. 遮蔽材料的使用

1) 遮蔽胶带的使用

将中指插入卷轴的孔中,拉出所需长度的胶带,然后用食指和拇指捏住胶带将其撕下。在粘到表面上时不要拉胶带,应按压胶带。为了在清除

遮盖案例 2

遮蔽胶带时留下清晰的边界,以 15°~30°角从喷涂表面撕下胶带。在遮蔽过程中,粘贴遮蔽胶带前先清洁车窗玻璃,防止污物或灰尘聚集在胶带的周围。如果胶带粘贴到表面上后再拉扯胶带,胶带会尝试恢复原形,并且很可能脱落。不要将遮蔽胶带放在自己口袋里或地板上,灰尘或污物会黏附到遮蔽胶带上。

2) 遮蔽纸的使用

避免补小条遮蔽纸,并确保遮蔽纸无台阶,以免既增加成本又降低质量。因为漆雾和粉尘会聚集在台阶里,会被喷枪的气压吹散并黏附在喷涂表面,所以取遮蔽纸的时候要略微多一些以遮蔽整个钢板。

3. 遮蔽方法

1) 遮蔽开口部位

遮蔽应确保涂料不会进入开口部位,确保遮蔽胶带不会被气压剥离,同时螺丝孔也能

遮蔽住，遮蔽胶带粘贴时既可自内部也可自外部开始粘贴。

2）遮蔽缝隙

遮蔽钢板之间的缝隙，应确保涂料不会进入缝隙，缝隙中无污物或灰尘。使用缝隙胶带时，确保钢板和胶带之间无缝隙，遮蔽前后门缝隙时，要格外注意上下边缘。

3）遮蔽装配件

遮蔽不可拆卸的装配件，应确保涂料不会黏附到装配件上，在钢板表面和遮蔽胶带之间预留与涂层厚度相同的缝隙，将遮蔽胶带粘贴到弯曲部位时不要拉扯胶带，最后用18 mm遮蔽胶带遮蔽装配件的边界。

4）遮蔽玻璃防护条

遮蔽与喷涂表面直接接触的玻璃防护条，应确保涂料不会黏附到玻璃防护条上。为了在玻璃防护条和钢板之间有一条缝隙，将窗缘遮蔽胶带插入钢板和玻璃防护条之间，然后向后拉窗缘遮蔽胶带，这样防护条就被拉离钢板。对于弯曲区域，粘贴窗缘遮蔽胶带前用剪子在胶带上剪几个缺口，并用遮蔽胶带遮蔽缺口造成的缝隙。干燥后在玻璃防护条仍然温热的时候清除窗缘遮蔽胶带。如果在玻璃防护条冷却后再从表面撕下，防护条形状将发生变化且无法恢复其原始形状。

5）反向遮蔽

如图4-17所示，遮蔽时反向折叠遮蔽纸，确保喷涂涂料后遮蔽的边界在表面上不会产生台阶差异。反向遮蔽后很难进行清洁和除油，所以应在遮蔽之前进行所有清洁和除油作业。如果遮蔽区域有车身线，则在车身线上进行反向遮蔽。将边界置于钢板内可减少喷涂区域。为施涂中涂底漆而遮蔽时往往采用反向遮蔽。

遮盖案例3

图4-17 反向遮蔽

6）过渡区域遮蔽

遮蔽将要进行过渡作业的区域，如后翼子板。确保喷涂涂料后遮蔽的边界在表面上不会产生台阶差异。遮蔽过渡区域后很难进行清洁和除油，所以应在遮蔽之前进行所有清洁和除油作业。

## （六）塑料件前处理

塑料在汽车上的应用发展很快，从最初的一些简单内饰件到现在替代金属制成的车身覆盖件，甚至全塑料车身也已问世。新材料的使用给汽车涂装带来了新的课题。只有充分地了解塑料的组成、塑料的特点、塑料涂装的目的，才能更好地进行塑件件的涂装。

塑料的种类很多，按其受热性能的不同，可将应用于汽车制造业的塑料大致分为热塑性塑料和热固性塑料。热塑性塑料是以热塑性树脂为主要成分并添加各种助剂制成的。在一定的温度条件下，热塑性塑料能软化或熔融成任意形状，冷却后硬化，并且这种软化硬化只是发生物理变化，所以可多次反复软化，热塑性塑料始终具有可塑性。

汽车常用塑料及用途如表 4-2 所示，表中注明了每一类塑料是热固性塑料还是热塑性塑料及其用途。

表 4-2 汽车常用塑料及用途

| 类别 | 符号 | 主要用途 |
| --- | --- | --- |
| 热塑性塑料 | PE | 翼子板内板、内装饰板、扰流器、溢流箱、散热器护罩、汽油箱 |
| | PC | 内部刚性装饰板 |
| | PVC | 内装饰件、软垫板 |
| | PS | 仪表板外壳、汽车灯罩 |
| | TPE | 保险杠护罩、发动机罩下部件 |
| | PP | 保险杠护罩、导流板、内部嵌条、散热器护罩、汽油箱 |
| | TUR | 保险杠护罩、挡泥板、迎宾踏板套 |
| 热固性塑料 | TPO、EPM、TEO | 保险杠护罩、导流板、扰流板、仪表板、格栅 |
| | PA | 散热器箱、前照灯灯圈、侧围板外延部分、外部装饰部件 |
| | PC + PBT | 保险杠护罩 |
| | PPE/PPO + PA | 翼子板、外部装饰件 |
| | ABS | 仪表组、装饰嵌条、控制台、肘靠、格栅 |
| | PUR | 保险杠护罩、前后车身面板 |
| | PC + ABS | 车门内饰板、仪表板 |
| | UP、EP | 翼子板外延部分、发动机罩、车顶、行李舱盖、仪表组护罩 |
| | TEEE | 保险杠面板、迎宾踏板套 |
| | PET | 翼子板 |
| | EEBC | 迎宾踏板嵌条、翼子板外延部分、保险杠延长段 |
| | EMA | 保险杠护罩 |
| | PUR、RIM、RRIM | 挠性保险杠护罩（特别是国产车）、迎宾踏板套 |
| | SMC、UP、FRP | 刚性车身面板、翼子板、发动机罩、行李舱盖、扰流器、顶盖内饰板、后侧围板 |

塑料制品的涂装与金属表面的涂装有较大的差异，在涂装中应注意以下方面。

（1）对于没有涂装塑料底漆的原厂塑料件，应选用合适的清洁剂去除塑料件表面脱模剂，并根据塑料件材质选择合适的塑料底漆以保证附着力。塑料件生产企业通常采用蜡、硅酮或硬脂酸作为脱模剂，这些材料会导致涂膜附着力不足。对于已经涂装塑料底漆的原厂塑料件，一般无须清除脱模剂，也无须再次喷涂塑料底漆，以合适的砂纸打磨并继续喷涂中涂底漆即可。在中涂底漆、单工序面漆、清漆中根据塑料的柔软程度加入柔性添加剂。

（2）汽车所使用的塑料件基本都是绝缘体，表面容易因摩擦而产生静电，静电会造成脏点、涂层不均匀，对涂装不利。因此，塑料件喷涂前可使用除静电清洁剂清洁，用一块布蘸专用塑料除静电清洁剂擦湿表面，用另一块干布擦干即可。

（3）汽车修补漆各种产品的柔韧性是按照金属的柔韧性设计的，由于塑料件的柔韧性低于金属，故塑料件表面应使用柔韧性较低的塑料原子灰，按照合适比例加入柔软剂的中涂底漆、单工序面漆或清漆。

汽车塑料件修补最常见的材质是聚丙烯塑料（PP）。下面以原厂未涂装塑料底漆的PP塑料保险杠为例介绍涂装程序。

（1）以菜瓜布蘸塑料清洁剂擦拭工件表面以去除脱模剂，再用清水清洗干净，吹干。

（2）如果塑料件表面有损伤凹陷需要用原子灰才能填充，须将损伤部位打磨出羽状边后，刮涂塑料件专用原子灰并打磨平整。

在塑料件专用原子灰及整体塑料工件上打磨后都需要喷涂塑料底漆，喷涂塑料底漆前需使用除静电清洁剂清除表面静电。塑料底漆通常有单组分透明塑料底漆和双组分灰色塑料底漆，一般都可以采用湿碰湿免磨方式施工，具体选择何种塑料底漆需参照油漆厂商产品说明书。

（3）因为塑料件专用原子灰表面需喷涂中涂底漆以保证面漆的附着力，同时塑料件表面上可能存在划痕、砂眼、针孔等细小缺陷，塑料底漆填充性较差而无法填充，中涂底漆则能够起到填充和隔离作用，所以为了提供填充性及隔离性，建议对塑料保险杠整喷中涂底漆，中涂底漆可参照涂料厂商产品说明书进行选择。可选塑料件专用中涂底漆，或选择需根据塑料件硬度添加合适比例柔软剂的中涂底漆，具体比例同样需参照涂料厂商产品说明书。对于表面状况良好，无须刮涂塑料件专用原子灰的新塑料保险杠，可以采用湿碰湿免磨中涂底漆，无须打磨，通常闪干15 min后即可喷涂面漆。

## （七）铝板件前处理

铝合金材质在现阶段来说技术相对成熟可靠，在高端车的车身和中低端车的个别部件中已经实现应用。随着铝合金在车身上应用的增多，相应的钣金维修技术也发生了改变，传统钢材的底材处理技术不能适用于铝合金材质漆面修复。

掌握铝板件前处理工艺，安全操作，可避免出现安全隐患，减少附着力差、砂纸痕等缺陷，提高工作效率。

为了避免车身在维修时被工具上残留的铁屑嵌入，最终造成铝合金被侵蚀现象，铝合金车身的维修工具不能通用，要保持其整洁度。

1. 铝板件研磨要求及注意事项

（1）铝件、铁件的打磨设备和砂纸需要分开，避免接触腐蚀。

（2）禁止使用粗砂纸直接打磨铝件，以防止出现砂纸痕；铝板件表面使用 P180～P240 砂纸打磨，然后使用 P320 砂纸去除较粗的砂纸痕。

（3）必须有防爆的气动集尘吸尘系统收集铝粉，收集后的金属粉尘需要妥善处理，避免可能因为铝粉聚集摩擦而产生爆炸危险。

2. 铝板件原子灰施工要求

（1）为了防止附着力不足，禁止大面积刮涂较厚原子灰，建议多次薄刮施涂。

（2）禁止使用非铝板件适合的原子灰产品，以避免质量问题而造成后续施工过程中返工。

3. 铝板件底漆施工要求

（1）如图 4-18 所示，铝板件打磨后要及时喷涂环氧底漆，防止板件表面氧化，用于增加附着力。

图 4-18 铝板件施涂环氧底漆

（2）铝板件喷涂环氧底漆后，接下来的施工工艺与铁件完全相同。

# 三、项目实施

## 任务一　底材处理

汽车由于外力碰撞，车身损伤部位的旧涂层已经受损，为了确保底漆与基材牢固的附着力，需要对受损板件进行底材处理，为后续原子灰施涂工序的顺利进行奠定基础。

汽车损伤部位的污染物（如美容蜡、美容封釉、油污等）或工件表面因搬运而沾有的其他污染物，在工件打磨时会被带入砂纸内，导致在喷涂维修过程中出现附着力不良、鱼眼等缺陷。因此，汽车在喷涂维修前需要进行清洁除油。

1. 防护器具

护目镜、防尘口罩、防毒面具、棉手套、防溶剂手套、劳保鞋。

2. 所需物品

研磨机、砂纸、空气吹尘枪、除油剂、擦拭纸、底漆喷枪、毛刷。

3. 施工步骤

清洁除油→遮蔽保护→清除旧涂层和锈蚀→制作羽状边→清洁和除油→施涂底漆。

1)清洁除油和遮蔽保护

(1)在车辆进入喷涂车间前,在洗车工位对全车进行清洗。以清除汽车表面灰尘、脏物,避免将灰尘带入喷涂车间,并有利于下一步工作。

(2)根据油漆厂商产品说明书选择适合该阶段使用的清洁、除油能力较强的清洁剂。气温高时应选择慢干清洁剂以避免清洁剂挥发过快。

(3)如图4-19所示,佩戴护目镜、防毒面具、防溶剂手套和穿劳保鞋。

图4-19 清洁除油时的安全防护

(4)如图4-20所示,使用2块专用清洁布清洁,先用一块清洁布蘸清洁剂擦拭工件表面,然后立刻用另一块干清洁布擦干,或用耐溶剂的塑料喷壶将清洁剂喷涂到工件表面,然后用一块干清洁布擦拭干净。

图4-20 擦拭工件表面

(5)检验钣金工作是否合格,确定变形范围。可以借助光照,从侧面目视判断变形区域范围。也可以用打磨板等平放在变形区域,检查变形区域范围和深度。另外,需要检查变形区域是否有高点,如果有高点需要用合适的钣金工具重新进行钣金作业至合格。

(6)在待修复工件进行打磨前,对打磨工件相邻的工件进行遮蔽保护。

2)清除旧涂层和锈蚀

清除标记部位内的所有旧涂层和锈蚀,使用配有60~80号砂纸的单作用研磨机或 7 mm 偏心距双作用研磨机研磨表面，确保标记线 10 mm 内所有旧涂层和锈蚀全部清除，如图 4-21 所示。

图 4-21 清除旧涂层和锈蚀

**要点**

(1) 用遮蔽胶带保护周围区域，以免受损。

(2) 清除标记线 10 mm 内的旧涂层，以制作羽状边。

(3) 调节单作用研磨机的角度，使用砂纸在外侧以内 10 mm 的区域研磨。

(4) 起泡是由于附着力差而导致漆膜在钢板上膨胀凸起的现象。

3) 制作羽状边

制作羽状边是为了确保原子灰与底材有良好的附着力，消除钢板和旧涂层之间的台阶。在双作用研磨机上安装 120 号砂纸进行研磨，确保钢板和旧涂层平滑过渡。在羽状边外缘的外侧研磨宽度约为 30 mm，如图 4-22 所示。

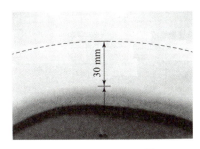 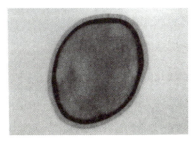

图 4-22 制作羽状边

**要点**

(1) 调节双作用研磨机的角度，使用砂纸外侧 30 mm 处研磨。沿研磨部位外围移动研磨机。

(2) 应转动研磨垫，使其从涂层移至钢板（顺时针）。

(3) 目视和手触检查羽状边的同时，移动研磨机。轻轻按压研磨机，在表面留下研磨砂纸印。

(1) 为避免在钢板上留下很深的划痕，开动研磨机前先使其与钢板接触。

(2) 移动研磨机时，不要使研磨机与研磨部位轮廓线（上和下）成直角，否则形成的羽状边可能不平整。

(3) 如果研磨垫从钢板滑至涂层,则涂层研磨范围会扩大,且羽状边也会扩大。

(4) 羽状边制作不平滑会形成原子灰印。

(5) 研磨不充分会导致原子灰脱落。

(6) 在羽状边上均匀施涂原子灰时,需以研磨部位为参考,因此需研磨均匀。

(7) 羽状边的宽度应为20 mm。

清洁和除油、施涂底漆步骤略。

### 任务二 原子灰的施涂

经过底漆处理板件,如果表面非常平整,可以进行中涂底漆或面漆的喷涂;如果不平整,就需要对底材进行合适的整平工作,也就是通过刮涂原子灰来恢复工件表面的形状。

#### 1. 防护器具

护目镜、防毒面具、防溶剂手套。

#### 2. 所需物品

原子灰、固化剂、搅棒、原子灰混合板、原子灰刮刀、干燥设备。

#### 3. 施工步骤

搅拌→混合→薄涂→施涂原子灰→修整表面→修整原子灰边缘和清洁→干燥

1) 搅拌

混合原子灰和固化剂,确保均匀搅拌各成分,如图4-23所示。

图4-23 搅拌

**要点**

(1) 转动罐的同时,上下移动搅棒搅拌原子灰。

(2) 搅拌时,注意不要让原子灰黏附在罐上。

(3) 紧固固化剂盖,揉按整个固化剂管,以混合固化剂。

(1) 混合固化剂时,固化剂盖附近的标记部位难以混合,因此使用前应注意充分揉按固化剂。

(2) 黏附在罐上的原子灰如果干燥,施涂时就会形成颗粒。

(3) 如果原子灰和固化剂在混合前未充分搅拌,则原子灰将不能正常固化。

2) 混合

混合原子灰和固化剂,因厚层原子灰干燥较慢,需将原子灰刮薄,按照原子灰与固化剂添加量，以100∶2或100∶3的比例取出适量的原子灰和固化剂，分别放置在干净的混合板上。用刮刀边缘取固化剂，然后用刮刀画圆，使固化剂和原子灰的混合率达到70%～80%。铲起约一半的原子灰，将其放在剩余原子灰上，然后按压原子灰使其平摊，直至颜色均匀一致，确保固化剂和原子灰已均匀混合。

要点

（1）有2种拿刮刀的方式（见图4-24），一种是将拇指放在刮刀中央，另一种是将食指放在刮刀中央。

（a）

（b）

图4-24 拿刮刀方式

（a）拇指放在刮刀中央；（b）食指放在刮刀中央

（2）遵照制造商关于混合比例的说明操作。

（3）将原子灰刮薄，排出其中的空气以防出现针孔。

（4）开始混合原子灰和固化剂时，要在5 min内混合各成分，因为5 min后原子灰将变得太硬，难以施涂。

（5）将固化剂挤在混合板上略微远离原子灰的位置，不要使二者直接接触。

（1）从容器中取出原子灰和固化剂后，应马上盖上盖子，以防其中的溶剂挥发。

（2）如果各成分未充分混合，则会导致固化效果不佳。

（3）原子灰内的空气会导致表面起泡，形成小孔。

3）薄涂

在研磨部位将原子灰刮薄，填补因焊接导致的微小划痕或凹陷。在研磨部位外缘的10 mm内施涂原子灰。

要点

（1）手掌朝下拿刮刀，使食指和中指呈V形轻轻支撑刮刀。将少量原子灰铲到刮刀边缘的中央。

（2）拿刮刀时，仅使刮刀边缘接触表面，刮刀面完全远离表面，然后用力按压以施涂薄层原子灰。

（1）如果未正确薄涂（见图4-25）原子灰，则原子灰可能脱落。

（2）用刮刀将原子灰的一角刮起，这样更容易将原子灰放到刮刀中央。

4）施涂原子灰

施涂原子灰如图4-26所示。将要填补凹陷的原子灰分为多份，并进行施涂。在研磨部位外缘的10 mm内施涂原子灰，且其堆积高度大于未受损表面。

图4-25 薄涂

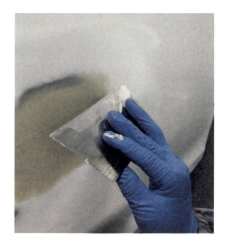
图4-26 施涂原子灰

**要点**

（1）手掌朝下拿刮刀，使食指和中指呈V形轻轻支撑刮刀。将部分原子灰铲到刮刀中央。

（2）站立在可轻松触到原子灰施涂部位两端的位置。

（3）立起刮刀，施涂薄层原子灰时放低刮刀，可施涂厚层原子灰。

（4）施涂原子灰，使其与先前施涂的原子灰重叠1/3。

（5）通过移动整个身体来移动刮刀。

（6）将刮刀按压在钢板上，刮薄周围原子灰层，沿羽状边的形状移动刮刀。

（1）如果原子灰无法一次施涂完成，则等待已施涂的原子灰边缘干燥至可触摸的程度，再进行原子灰施涂。

（2）干燥至可触摸的程度是指原子灰干燥不粘手。

5）修整表面

如图4-27所示，修整（反向）表面的台阶或不平整部位，确保已修整所有大的台阶和不平整部位。

**要点**

（1）使食指位于刮刀中央，轻拿刮刀。

（2）放低刮刀，并将其轻按到表面上，然后以与施涂原子灰相反的方向快速移动刮刀。

（3）将刮刀上的所有原子灰刮到混合板上，以保持刮刀头部清洁。

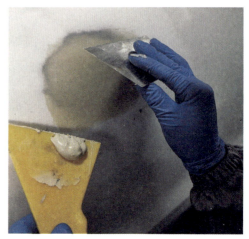
图4-27 修整表面

(1) 不要使刮刀垂直于表面，这样可能刮出过量原子灰。
(2) 如果原子灰层无台阶或不平整部位，则无须进行表面修整。
(3) 原子灰表面上的台阶是钢板圆弧度和刮刀边缘的高度差造成的线条。

6）修整原子灰边缘和清洁

修整原子灰边缘周围的所有台阶，并清除扩散在研磨部位外的所有原子灰，确保原子灰施涂部位与旧涂层之间无台阶，研磨部位外的表面无原子灰。原子灰施涂最终效果图如图 4-28 所示。

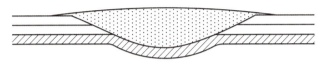

图 4-28　原子灰施涂最终效果图

要点

(1) 手掌朝下拿刮刀，使食指和中指呈 V 形轻轻支撑刮刀。将刮刀按压在涂层侧，沿羽状边的形状移动刮刀。
(2) 在原子灰固化前清除研磨部位外的表面原子灰。
(3) 将薄涂至修整完成的作业时间限制在 4 min 内。
(4) 施涂完原子灰后，用香蕉水直接清洗刮刀。

(1) 不要清除过多原子灰，否则会露出羽状边。
(2) 如果原子灰施涂部位周围有台阶，则研磨块的前端会触到未受损表面，导致表面划伤。
(3) 由于原子灰在固化过程中会产生热量，因此要待原子灰冷却后再处理剩余原子灰。

7）干燥

强制干燥原子灰，确保原子灰可以研磨。

要点

(1) 若原子灰未干燥至可触摸的程度，不能使用烤灯对其强制干燥。
(2) 将砂纸轻放在涂层较薄部位，研磨时观察原子灰是否成为粉末，以此判断原子灰是否干燥。
(3) 参照制造商关于干燥的说明。

(1) 如果在干燥过程中快速加热原子灰，则原子灰可能出现开裂或脱落。
(2) 如果在未检查原子灰是否干燥至可触摸程度的情况下进行强制干燥，表面将可能在原子灰底部溶剂挥发前干燥，导致干燥效果不佳。

## 任务三 原子灰的研磨

由于刮涂完的原子灰表面比较高,而且比较粗糙,因此需要将原子灰打磨至与基准面一样高,将表面打磨平整光滑,才能进行后续涂层的涂装。打磨原子灰时可以采用机械干磨和手工干磨的方法。由于原子灰有很强的吸水性,因此绝对禁止采用水磨。

### 1. 防护器具

护目镜、防尘口罩、棉手套。

### 2. 所需物品

研磨机、研磨块、砂纸。

### 3. 施工步骤

粗磨→表面整形(一)→表面整形(二)→表面修整→最终修整。

1)粗磨

消除整个钢板上的凹陷和凸起。使用配有80号砂纸的研磨块或研磨机研磨表面,确保原子灰表面无台阶、大的凹陷和凸起。

要点

(1) 原子灰和钢板温度达到室温时开始研磨。
(2) 站立在研磨块可轻松触到原子灰施涂部位两端的位置。
(3) 将研磨块拿在身前,从下方托起研磨机,然后将其轻压在原子灰表面。
(4) 研磨至原子灰边缘外约10 mm处。
(5) 只研磨原子灰表面,不要在未受损表面上留下砂纸印。
(6) 研磨较高部位后,再研磨整个表面,注意不要出现凹陷和凸起。
(7) 移动研磨机时,务必注意是研磨垫的哪个部位在研磨原子灰。
(8) 目视和手触检查大的凹陷和凸起是否研磨平整。

注意

(1) 为避免在钢板上留下很深的划痕,开动研磨机前先使其与钢板接触。
(2) 如果研磨到原始表面,就会留下很深的砂纸印。
(3) 用烤灯干燥后,仍有热度的钢板会膨胀,整个钢板的圆弧度会有差异。

2)表面整形(一)

如图4-29所示,将原子灰表面研磨至正常表面平滑度的80%。使用配有120号砂纸的研磨块或研磨机研磨表面,确保可隐约看到整个羽状边。

要点

(1) 站立位置以及研磨块/研磨机接触方式与粗磨相同。
(2) 研磨至原子灰边缘外约10 mm处。
(3) 研磨局部后,再研磨整个表面以消除凹陷和凸起。
(4) 只研磨原子灰表面,不要在未受损表面留下砂纸印。
(5) 目视和手触检查整个表面上大的凹陷和凸起是否研磨平整。
(6) 研磨原子灰直到羽状边透明度均匀。

图 4-29 表面整形（一）

（1）为避免在钢板上留下很深的划痕，开动研磨机前先使其与钢板接触。
（2）水平研磨、斜向研磨、垂直研磨的比例分别是 70%、20%、10%。

3）表面整形（二）

如图 4-30 所示，将原子灰表面研磨至正常表面平滑度的 80%。使用配有 120 号砂纸的研磨块或研磨机研磨表面，确保羽状边上留有一薄层原子灰。

图 4-30 表面整形（二）

**要点**

（1）研磨至研磨部位外约 20 mm 处。
（2）全方位研磨表面，使表面平滑。
（3）用手触摸表面检查是否有凹陷和凸起，使用直尺检查表面的高度。
（4）检查羽状边的透明度，将原子灰研磨成一薄层。
（5）研磨后，向原子灰表面吹气，以检查是否有针孔。
（6）如果原子灰上有针孔，使用与薄涂相同的方法施涂一薄层原子灰。
（7）使用打磨指示剂检查是否有微小凹陷和凸起。

4）表面修整

如图 4-31 所示，为使旧涂层和原子灰之间自然平滑过渡，使用配有 180~240 号砂纸的研磨块研磨，确保表面已修复，且旧涂层和原子灰施涂表面无高度差。清除先前操作留下的所有砂纸印。

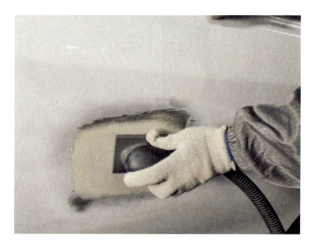

图 4-31 表面修整

**要点**

(1) 使用研磨块均匀研磨整个表面至整形打磨区域外 20 mm 处。

(2) 随时检查表面是否有凹陷和凸起，通过手触和直尺检查原子灰表面和未受损表面的过渡情况。

使用打磨指示剂检查是否有砂纸印、微小凹陷和凸起。

5) 最终修整

清除表面修整时留下的所有砂纸印。使用配有 320 号砂纸的研磨块研磨，确保已清除先前操作留下的所有砂纸印。

**要点**

(1) 使用研磨块均匀研磨整个表面至表面修整研磨区域外 20 mm 处。

(2) 小心不要使表面变形。

(1) 如果未完全消除砂纸印，则施涂面漆后这些痕迹会出现在表面上。

(2) 用小于 240 号的砂纸研磨时留下的砂纸印可能无法用中涂底漆或硝基原子灰完全填补。

## 任务四　中涂底漆的施涂及打磨

经过原子灰层修复的板材，已经恢复了表面的平整度，但是表面还是存在一定的细小缺陷，如细小针孔、砂纸痕等，请在面漆喷涂之前进行适当的处理，以满足面漆涂装的要求。

1. 防护器具

护目镜、防尘口罩、防毒面具、棉手套、防溶剂手套。

2. 所需物品

研磨机、研磨块、砂纸、百洁布、底漆喷枪、搅棒、计量天平、调漆尺、量杯、过滤漏斗、遮蔽纸、除油剂、粘尘布、吹尘枪、打磨指示剂。

3. 施工步骤

表面处理→施涂中涂底漆→修补原子灰→研磨中涂底漆→面漆涂装前的研磨。

1）表面处理

如图 4-32 所示，为了施涂中涂底漆研磨表面，使用配有 320 号砂纸的双作用研磨机或手磨垫块研磨表面，确保要施涂的区域已经研磨过，且漆面上无光泽。清除表面上的脏污、灰尘或油液。注意防止涂料黏附到喷涂区域以外的地方。确保所有已研磨的区域都被遮蔽。

图 4-32　施涂中涂底漆前的研磨

**要点**

（1）研磨表面时要超过原子灰边缘 100 mm，但不要超过需要重涂的区域太多。调节双作用研磨机的转速以实现最佳打磨操作。

（2）将空气吹尘枪贴近原子灰表面，向表面吹送压缩空气以清除针孔内的研磨粉尘。

（3）采用反向遮蔽法，避免在喷涂区域的边缘形成台阶。如果喷涂区域附近有冲压线，在冲压线上进行反向遮蔽以缩小中涂底漆的施涂区域。

（1）为防止钢板产生深划痕，运转研磨机前先使其接触钢板。

（2）研磨不够充分依旧有光泽的表面，可能造成涂料脱落。

（3）如图 4-33 所示，清洁不充分表面上残留研磨颗粒或粉尘，会附着在中涂底漆上，并在喷漆涂层形成颗粒。

（4）除油不充分会造成涂料脱落或起泡。用粘尘布擦拭时如果太用力，其上的清除剂可能留在表面，从而造成鱼眼。

2）施涂中涂底漆

混合并搅拌涂料、固化剂和稀释剂，确保充分混合。分几个涂层施涂中涂底漆；在研磨后的区域内喷涂中涂底漆，将原子灰完全遮蔽；强制干燥中涂底漆，确保中涂底漆完全干燥且可以开始研磨。

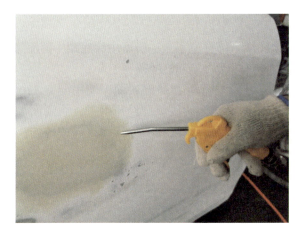

图 4-33 清洁

**要点**

(1) 主要成分中的颜料会沉到底部,所以在与固化剂和稀释剂混合之前要充分地搅拌中涂底漆。遵照制造商关于混合比例和稀释剂选择的说明,选择与喷涂室环境温度相宜的稀释剂。

(2) 使用过滤漏斗清除涂料中的杂质。

(3) 在整个原子灰区域施涂第一层中涂底漆,直至该区域形成湿涂膜。

(4) 每次施涂中涂底漆时都要稍微扩大施涂区域,如图 4-34 所示。

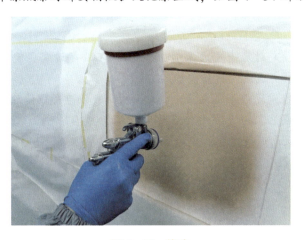

图 4-34 施涂

(5) 每次施涂后预留足够的闪干时间。

(6) 遵照制造商关于干燥中涂底漆的说明,预留足够固化时间。

**注意**

(1) 混合不正确以及搅拌不充分会导致中涂底漆固化不充分。

(2) 喷涂遮蔽纸边缘的台阶会导致中涂底漆和旧涂层之间形成一道明显的界限。在研磨区域外施涂中涂底漆会造成涂层脱落。闪干时间不足会导致涂料垂流或针孔。

（3）不预留足够的固化时间而强制干燥会导致针孔，强制干燥前预留 10~20 min 固化时间，使中涂底漆中的溶剂自然挥发。

3）修补原子灰

检查表面是否有针孔和砂纸印。施涂填眼灰填补针孔和砂纸印，确保填补所有的针孔和砂纸印。

要点

（1）在光线明亮的地方执行检查，如果无针孔和砂纸印，则跳过修补原子灰步骤。

（2）如果需要修补原子灰，则需将填眼灰刮入针孔和砂纸印。垂直握刮刀，用力按压并沿表面刮擦以施涂一薄层原子灰。

（3）强制干燥硝基原子灰，填眼灰完全干燥后才可以开始打磨。

4）研磨中涂底漆

研磨中涂底漆，使用配有 600 号砂纸的研磨块研磨，确保表面光滑且中涂底漆边缘和周围表面无台阶，所有的针孔和砂纸印都已填补，原子灰不裸露。

要点

（1）使用遮蔽胶带保护维修部位周围的区域。

（2）研磨时，从中涂底漆向旧涂层方向移动研磨块。

（3）为防止在表面留下砂纸印，使研磨块与研磨方向成 45°角。

（4）砂纸堵塞时，用刷子清除研磨粉尘。

（5）进行点修补时，不要扩展研磨区域。

（1）施涂涂料时，裸露的原子灰会吸收上层涂料。

（2）在裸露原子灰的部位再次施涂中涂底漆。

（3）使用打磨指示剂检查表面是否平整。

5）面漆涂装前的研磨

（1）块重涂：研磨整个钢板，确保整个钢板无光泽。

要点

①使用遮蔽胶带保护维修部位周围的区域。

②使用与研磨中涂底漆同号的砂纸。

③轻轻研磨表面以清除旧涂层的全部纹理。

④在无法使用研磨机的部位进行手动研磨，如图 4-35 所示。

图 4-35 手动研磨

（2）带过渡的块重涂：研磨整个钢板（见图4-36），确保整个钢板无光泽。

图4-36 研磨整个钢板

要点

①使用遮蔽胶带保护维修部位周围的区域。
②使用配有2000号砂纸的水磨垫块研磨。
③未受损区域研磨至无光泽。

（3）点重涂：研磨过渡区域，确保研磨至中涂底漆边缘以外约400 mm的表面。

要点

①使用遮蔽胶带保护维修部位周围的区域。
②对于干磨，用抹了研磨剂的擦拭纸研磨。
③使用配有2000号砂纸的水磨垫块研磨。
④未受损区域研磨至无光泽。

### 任务五 旧塑料件前处理

1. 防护器具

护目镜、防尘口罩、防毒面具、棉手套、防溶剂手套。

2. 所需物品

打磨机、研磨块、砂纸、百洁布、底漆喷枪、搅棒、计量天平、调漆尺、量杯、过滤漏斗、遮蔽纸、除油剂、粘尘布、吹尘枪、打磨指示剂、原子灰、固化剂、搅棒、原子灰混合板、原子灰刮刀、干燥设备。

3. 施工步骤

表面整平→清洁除油和遮蔽保护→底漆施涂→中涂底漆施涂与打磨。

旧塑料件特指之前有过涂料涂装，只是部分涂层出现损伤的工件。一般维修工艺如下。

1）表面整平

要点

（1）用塑料除油剂清洁需打磨部位。
（2）用P180~P240砂纸配合打磨机打磨缺陷，并磨出旧涂层的羽状边。
（3）用塑料除油剂清洁需填补部位。

（4）在裸露塑料部位上薄涂一层塑料底漆。

（5）在缺陷部位刮涂塑料件上专用的塑料原子灰。

（6）采用自然干燥或烘烤干燥的方法干燥原子灰。烘烤干燥时注意烘烤温度和烘烤距离。

（7）待原子灰完全干燥之后，选用 P120～P240 砂纸配合双作用打磨机或手工磨板打磨原子灰，直至完全恢复表面形状。

2）清洁除油和遮蔽保护

要点

（1）用风枪吹干净工件上的灰尘。

（2）对需要喷涂中涂底漆的部位周边区域进行贴护。

（3）用除油剂对需要喷涂中涂底漆的部位进行清洁，并用粘尘布粘尘，如图 4-37 所示。

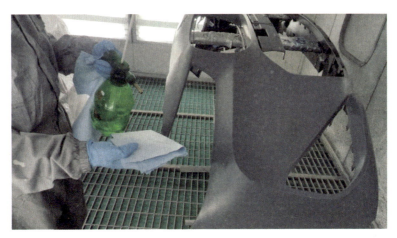

图 4-37 用粘尘布清洁

3）底漆施涂

对于还有裸露塑料件的部位，可以采用涂抹或喷涂的方法薄施一层塑料底漆。

4）中涂底漆施涂与打磨

要点

（1）选择合适的中涂底漆品种，按规定调配好涂料。中涂底漆可以选择一般常用的双组分底漆，但是如果工件是柔性塑料则需要在双组分中涂底漆里面添加适量的塑料柔软剂。

（2）对需要喷涂的部位薄喷 2～3 个涂层。

（3）采用自然干燥或烘烤干燥的方法进行干燥。烘烤干燥时注意烘烤温度和烘烤距离。

（4）用 P400 或 P500 砂纸配合双作用打磨机打磨中涂底漆，对于边角或不好打磨的部位，建议采用较细型号的菜瓜布进行打磨。

（5）仔细检查每一个部位，确保所有需要喷涂面漆的部位都打磨至平整光滑。

## 四、自我测试题

**1. 填空题**

（1）损伤评估的 4 种方法分别是 ＿＿＿＿、＿＿＿＿、＿＿＿＿ 和 ＿＿＿＿。
（2）汽车涂装修理中常用的鉴别旧涂层的方法有 ＿＿＿＿、＿＿＿＿ 和 ＿＿＿＿。
（3）汽车涂装修理中常用的遮蔽材料有 ＿＿＿＿、＿＿＿＿、＿＿＿＿ 等。

**2. 选择题**

（1）一般制作羽状边用到砂纸型号是（　　）。
A. 80 号　　　　　B. 120 号　　　　　C. 180 号　　　　　D. 240 号
（2）施涂中涂底漆不会用到的工具或材料是（　　）。
A. 喷枪　　　　　B. 遮蔽纸　　　　　C. 除油剂　　　　　D. 原子灰
（3）施涂中涂底漆之前，需要使用（　　）的砂纸对板材表面进行研磨。
A. 320 号　　　　　B. 240 号　　　　　C. 180 号　　　　　D. 120 号
（4）（　　）施涂于裸露钢板，防止板材锈蚀。
A. 环氧底漆　　　　　B. 中涂底漆　　　　　C. 原子灰　　　　　D. 填眼灰

**3. 判断题**

（1）砂纸号表示磨料颗粒的尺寸。砂纸号越大，则磨料颗粒的尺寸越大。（　　）
（2）打磨指示剂用于检查维修表面上的砂纸印或微小凹陷和突起。（　　）
（3）在整个原子灰区域只需要施涂一层中涂底漆。（　　）
（4）施涂好中涂底漆，中涂底漆完全干燥后就可以开始打磨工序。（　　）
（5）为了确保喷涂涂料后遮蔽的边界在表面不会产生台阶差异，遮蔽时需要反向折叠遮蔽纸。（　　）

**4. 简答题**

（1）为什么要对损伤区域打磨羽状边？
（2）中涂底漆应该打磨到怎样的标准？

# 5

## 项目 5

## 调色工艺

## 一、项目描述

经底材处理、喷涂底漆、原子灰填补和中涂底漆喷涂等工序后,就将进行面漆喷涂了。面漆喷涂首要的任务是面漆调色,即调出与车身颜色一致的面漆。

1. 知识要求
(1) 熟悉颜色基本理论。
(2) 熟悉颜色调整的方法。
(3) 熟悉调色工具的使用。
(4) 熟悉各种色母的特性。
(5) 熟悉汽车涂料颜色微调工艺的流程。

2. 技能要求
(1) 掌握面漆颜色微调技巧。
(2) 能准确查询配方。
(3) 熟练使用调色工具。
(4) 掌握汽车面漆调色工艺,能调出色差理想的色漆。

3. 素质要求
(1) 个人安全防护用品的选用及穿戴,车间安全意识。
(2) 5S 管理、环境保护持续改善。
(3) 养成善于观察现象、总结规律和运用规律解决问题的能力。

## 二、相关知识

### (一) 颜色基础知识

**1. 光与色的特性**

1) 光与光谱色

牛顿在 1676 年通过实验证明,太阳的白光可以分解为多种色光的光谱。一束白光通过缝隙照射在三棱镜上,穿过三棱镜的白光被折射,发生色散形成鲜艳的红、橙、黄、绿、青、蓝、紫等色光组成的光谱。反之,这些色光混合可得到白光。太阳光光谱图如图 5-1 所示。

光是一种电磁波,电磁波的波谱范围很广,包括了无线电波、红外线、可见光谱、紫外线、X 射线、γ 射线等。可见光:即只有范围在 380~780 nm 的光波才能引起人的视觉感。不可见光:超出 380~780 nm 范围的光波。

2) 光源与物体色

色彩是由于光作用于物体才产生的。光色并存,有光才有色,色彩感觉离不开光。如果没有光,人们无法看到任何物体,更看不到色彩。

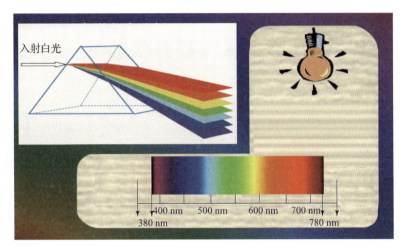

图 5-1 太阳光光谱图

色彩是人的眼睛和大脑感知照射到眼睛上光波的感觉。人感知物体色彩的三大要素是：光线、物体和观察者，如图 5-2 所示。

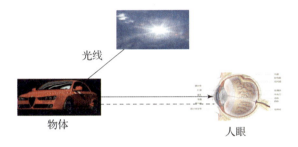

图 5-2 人感知物体色彩的过程

由光源本身发出的颜色称为光源色。由物体接受光源照射后反射出的颜色称为物体色。物体的固有色是指物体在自然光或白光的照射下所呈现出的颜色。不同质地的物质因反射和吸收的色光不同会呈现不同的色彩。

观察分析汽车漆面色彩时需注意光源色和背景色的影响。

3）色彩的三属性和颜色的表示方法

（1）色彩的分类。

色彩可分为无彩色系统和有彩色系统。无彩色系包括：白色、灰色和黑色。

有彩色系包括如下几种。

①纯色：不含黑白灰、饱和度最高的色。

②清色：纯色中加入白色所得的颜色。

③暗色：纯色中加入黑色所得的颜色。

④浊色：纯色中加入灰色所得的颜色。

（2）色彩三属性。

色彩三属性就是构成色彩的 3 个基本条件，即色彩三要素（色相、明度和彩度）。

①色相。色相是指色彩的面貌，是区分各类色彩的名称，如红、黄、蓝、绿等。从物理光学认识，色相由波长决定，不同色相有着不同的波长。在可见光光谱中，从长波到

短波依次排列：红、橙、黄、绿、青、蓝、紫等色彩，其中每一个名称代表一类具体的色相，如图 5-3 所示。

若向红色颜料中加入不同量的白或黑，形成不同明暗度的颜色效果（见图 5-4），但这些色彩仍都属于同一色相——红色。

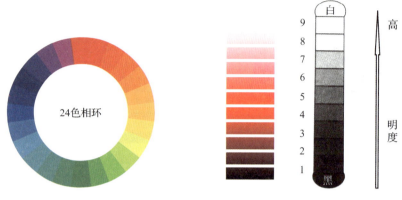

图 5-3　色相环图　　　　图 5-4　明度渐变图

② 明度。明度是指色彩的明暗度。明度是全部色彩都具有的属性。

黑白之间可形成许多明度等级。白色明度最高，黑色明度最低。越接近白色，明度越高；越接近黑色，明度越低。向颜料中加入白色可提高明度，加入黑色则可降低明度。

明度还与光源强度有关，同一物体色，强光下明度高，弱光下明度低。

③ 彩度。彩度即色彩的纯度，也即色彩的饱和度或鲜艳度。

从物理光学认识，彩度是光波单一混杂的程度。例如，红、黄、蓝色单一光波纯度高，多色混合的复色光波纯度降低。彩度渐变图如图 5-5 所示。

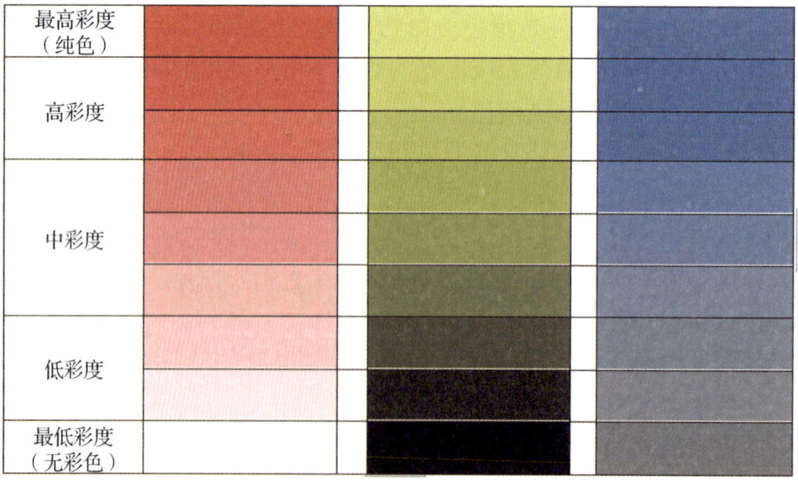

图 5-5　彩度渐变图

颜色的三属性是相互独立的，但不能单独存在，它们之间的变化既相互联系又相互影响。颜色的色调、明度及彩度只有在亮度适中的时候才能充分体现出来。

任何色彩在纯度最高时有特定的明度和彩度（见表 5-1），纯度变化了，明度也随之变化,但明度和纯度的变化趋势不完全一致。向纯色中加入白色,彩度降低而明度升高;向纯色中加入黑色,明度和彩度都降低。

表 5-1 常见纯色的明度和彩度值

| 色相 | 明度 | 彩度 |
|---|---|---|
| 红 | 4 | 14 |
| 橙 | 6 | 12 |
| 黄 | 8 | 12 |
| 黄绿 | 7 | 10 |
| 绿 | 5 | 8 |
| 蓝绿 | 5 | 6 |
| 青 | 4 | 8 |
| 蓝 | 3 | 12 |
| 紫 | 4 | 12 |

(3)颜色的表示方法。

色立体是用三维立体的形式把色彩的色相、明度和彩度关系全部呈现的色彩体系。色立体的结构特点:色相沿周相360°等均分布;明度沿纵轴上下分布,上白、下黑;彩度沿径向分布,外纯内浊。如图 5-6 和图 5-7 所示。

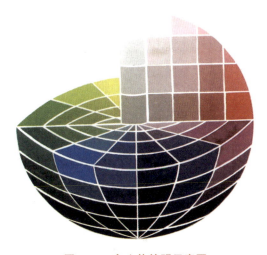

图 5-6 色立体简明示意图

现在世界范围用得较多的有 3 种色立体:美国的孟塞尔色立体、德国的奥斯特瓦德色立体和日本色彩研究所色立体,如图 5-8~图 5-10 所示。最常用的是美国的孟塞尔色立体。

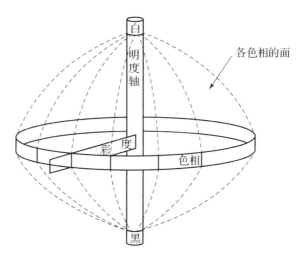

图 5-7 色立体的基本骨架

图 5-8 孟塞尔色立体

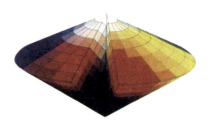

图 5-9 奥斯特瓦德色立体

① 孟塞尔色彩体系。

色相。孟塞尔色立体沿周相均分成 10 个大的区域，分布着 10 个基本色相，包括 5 个主色（红、黄、绿、蓝、紫）和 5 个间色（黄红、绿黄、蓝绿、蓝紫、红紫）。将 10 个基本色再细分为 10 个色相等级，这样便构成了 100 个等色相面。直径两端的色彩为互补色。

明度。孟塞尔色立体将明度分成 11 个等级，用 0～10 表示。白为 10，在顶部，黑为 0 在底部，中间按明度高低依次分布。由于理想的黑色和白色是不存在的，因此实际上孟塞尔色立体只有 9 个明度等级。

图 5-10 日本色彩研究所色立体

彩度。孟塞尔色立体中用 /0，/1，/2，…表示彩度。数字越大越接近纯色，离中心轴越远；数字越小，离中心轴越近，彩度越低、越浑浊。中心轴上分布彩度为 0 的无彩灰系列的黑、白、灰（见图 5-11）。

孟塞尔色立体中，任何一种颜色的色相、明度和彩度都可用数字和符号表示出来。表达方式为 HV/C，其中 H 为色相代码，V 为明度值（0～10），C 为彩度值（1～20）。例：GY7/10 是明度为 7、彩度为 10 的黄绿色。

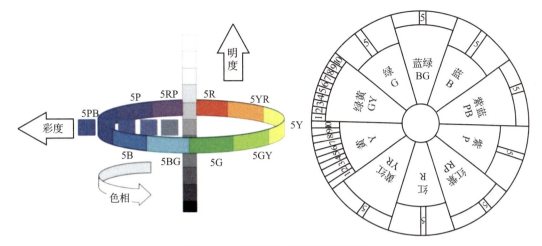

图 5-11 孟赛尔色立体颜色表示法

②日本色彩研究所 PCCS 色彩体系。

PCCS 色彩体系是日本色彩研究所在孟塞尔色彩体系的基础上发明的。PCCS 色立体是吸取了孟塞尔色立体和奥斯特瓦德色立体的优点,并加以调整而成的,分成了 24 个色相、17 个明度色阶和 9 个纯度等级,然后再将整个色彩群的外观色表现出 12 个基本色调倾向,如图 5-12 所示。

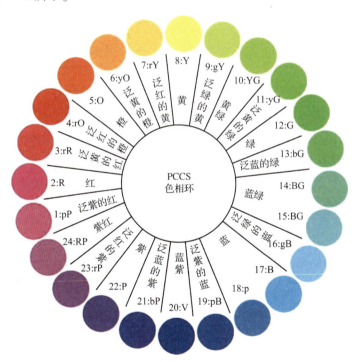

图 5-12 日本色彩研究所 24 色

③XYZ 三刺激值颜色表示法。

XYZ 三刺激值颜色表示法是在 RGB 系统基础上建立的,其中:X 代表红原色,Y 代表绿原色,Z 代表蓝原色。任一颜色都可用 $x(X) + y(Y) + z(Z)$ 表示,且 $x(X) + y(Y) +$

$z(Z) = 1$。XYZ 三刺激值色彩体如图 5 – 13 所示。

④ L*a*b* 颜色表示法。

L*a*b* 颜色表示法同 XYZ 三刺激值颜色表示法一样都是由国际照明委员会定义的。其中，L* 表示明度，从 0~100% 范围变化；a* 表示在红色到绿色范围内变化的颜色分量；b* 表示在蓝色到黄色范围内变化的颜色分量。L*a*b* 表示的色系统图如图 5 – 14 所示。其中：+a* 表示红色方向；-a* 表示绿色方向；+b* 表示黄色方向；-b* 表示蓝色方向。a 或 b 的数值越大（离中心轴越远），彩度越高，越鲜艳；数值越小（离中心轴越近），彩度越低，越浑浊。

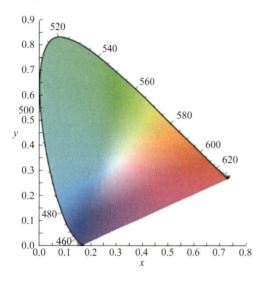

图 5 – 13　XYZ 三刺激值色彩体　　　　图 5 – 14　L*a*b* 颜色表示法

#### 2. 颜色合成的基本规律

不同的颜色相混合可得到新的颜色。颜色混合主要有色光混合和色料混合。

1）色光颜色混合基本规律

色光三基色是：红色（朱红色 R）、绿色（翠绿色 G）、蓝色（蓝紫色 B）。基色是其他每一个颜色的基础，基色无法通过混合其他颜色获得，所有其他颜色可以通过混合基色而获得。

色光混合也称加光混合，其混合规律如下。

（1）在色相环上的两色光相混合，形成的新色光均为相混两色的中间色光。

3 个基本色调（红、绿、蓝）的色光分别两两等量混合得到 3 个间色，即二次色：洋红、黄、青（湖蓝），如图 5 – 15 所示。

（2）两色光或多色光相混合，混出的新色光的明度增高，其明度等于参加混合各色光明度之和。参加混合的色光越多，混出的新色明度就越高。

（3）在色相环上相距近的两色光相混合，混出的新色光纯度高；若相混的两色相距较远，混出的新色纯度降低。相距最远的互补色光相混合，混出的光为白光，纯度消失。混合颜色越多，纯度降低越大。

2）色料颜色混合基本规律

颜料的三基色：洋红（品红、玫瑰红 M）、黄（柠檬黄 Y）、青（湖蓝 C），与光的三基色互为间色（二次色）。

色料混合也称减光混合，其混合规律如下。

（1）色相环上的 2 种颜色的色料相混合，形成的新色均为相混两色的中间色。3 个基本色调分别两两等量混合得到 3 个间色，即二次色：红 R、绿 G、蓝 B，如图 5-16 所示。

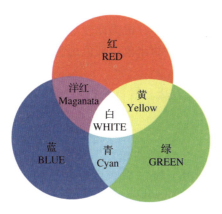

图 5-15　色光三基色混合效果　　　　图 5-16　色料三基色混合效果

（2）不同色相的色料相混合，混出的新色料的明度降低。色相环上距离越远，明度降低越大，如图 5-17 所示。若两色为相距最远的互补色时，混出的新色为黑灰色，如图 5-18 所示。

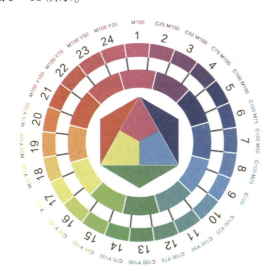

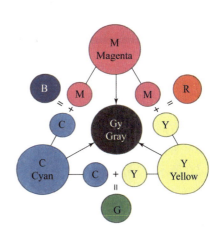

图 5-17　色相环　　　　　　　　　图 5-18　色料颜色混合规律

色相环上直径两端相距 180°左右的两色互为补色。例如，基色 1 号玫红色 M 的补色是 13 号绿色 G；17 号黄色 Y 与 5 号蓝紫色 B 互为补色；9 号青色 C 与 21 号朱红色 R 互为补色。

（3）在色相环上相距近的两色的色料相混合，混出的新色纯度较高；若相混的两色相距较远，混出的新色纯度降低。相距最远的互补色料相混合，混出的新色为黑灰色，纯度消失。混合的次数越多（混合的颜色越多），纯度下降得越多。

## (二) 颜色的比较

### 1. 比色

比色是指把 2 种颜色作比较，看看是否有差别或是一样，根据比较对象的不同，分为光色比色和表色比色。光色比色是指自发光体色或光源色的比色；表色比色是指物体表面颜色的比较，与光源照明有着密切关系。

表色比色可以采用专门仪器进行，也可以用目视方法。目视比色是一种很方便的方法，不需要复杂的装置，但是必须考虑下列因素。

1) 照明光源的条件

比色的照明光源用日出后 3 h 到日落前 3 h 的自然光比较好，避免直射日光。若是阴雨天则建议选用国际照明协会推荐的 D65 标准光源。光源色对物体色的影响如图 5-19 所示。

图 5-19　光源色对物体色的影响

2) 照明与观测方向

照明与观测方向可分为 3 种条件：垂直方向照明样品，45°方向观测；45°方向照明样品，垂直方向观测；从整个半球内斜方向照明样品，垂直方向观测。对于无光泽的样品，采用哪一种条件都不会影响结果；对于有光泽的样品，则与照明及观测的方向有关，如图 5-20 所示。

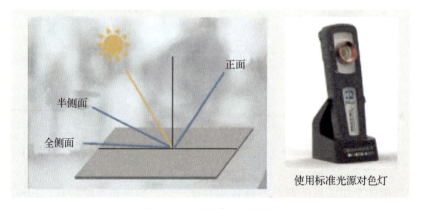

图 5-20　照明与观测方向

3）试样大小

试验样板大小一定要合适。施涂试板不小于 30 mm×30 mm，喷涂施板的尺寸一般以 90 mm×160 mm 或 120 mm×120 mm 为宜。

4）位置

比色试样应放置于同一平面，并放得尽可能的近（间隔 1~2 mm）。

5）背景色

进行表色比色，为了避免背景色对试验色产生影响，背景应为无彩色（白色或中性灰色）、无光泽的背景。

2. 测色

颜色检测的主要方法是目视法、光电积分法、分光光度法和 Lab 计量法。

1）目视法

目视法是最传统的颜色测量方法。具体做法是由标准色度观察者在特定的照明条件下对产品进行目测鉴别，并与国际照明委员会标准色度图比较，得出颜色参数。特点：目视法不能准确识别微细的色彩差异，常出现色彩判断失误；目视法带有一定的主观色彩；测量结果精度不高、测量效率低。

2）光电积分法

模拟人眼的三刺激值特性，用光电积分效应，直接测得颜色的三刺激值。特点：光电积分式仪器能准确测出 2 个色源之间的色差，但不能精确测出色源的三刺激值和色品坐标。

3）分光光度法

分光光度法通过测量光源的光谱功率分布或物体反射光的光谱功率，计算物体在各种标准光源和标准照明体下的三刺激值，由此得出各种颜色参数。特点：分光光度法不仅能精确测量色差，还能测量色源的三刺激值和色品坐标，应用非常广泛。

4）Lab 计量法

如图 5-21 所示，所有颜色都可以通过 Lab 色空间感知并测量，L 代表黑白，a 代表红绿，b 代表黄蓝。这些数据也可以用来表示标样同测试样的色差，并通常以 $\Delta L$、$\Delta a$、$\Delta b$、$\Delta E$ 表示。

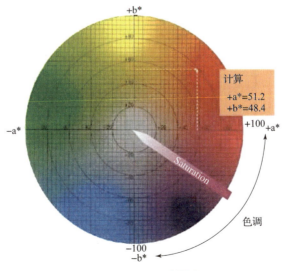

图 5-21 Lab 计量法

L：亮度轴，表示黑白，0 为黑，100 为白。

a：红绿轴，正值为红，负值为绿，0 为中性。

b：黄蓝轴，正值为黄，负值为蓝，0 为中性。

ΔL 为正，说明测试样比标准样浅（偏白）；ΔL 为负，说明测试样比标准样深（偏黑）。

Δa 为正，说明测试样比标准样红（偏红）；Δa 为负，说明测试样比标准样绿（偏绿）。

Δb 为正，说明测试样比标准样黄（偏黄）；Δb 为负，说明测试样比标准样蓝（偏蓝）。

ΔE 为总色差，其不表示色差偏移的方向，值越大说明色差越大。

## ❖（三）颜色调配原则

任何一种颜色在色树上都占有一特定位置，具有特定的属性：色调、明度、彩度等。调整某个颜色的过程就是将它在色树上移动的过程。要想调准某个颜色可能需要改变 2 个，甚至全部 3 个颜色属性才能做到。应先调整色调，再调整明度和彩度。

### 1. 中间色调色法

汽车涂料颜色微调，首先要明确目标板颜色（车身颜色）、试板颜色在色相环上的位置，如图 5-17 所示。目标色是试板色与微调色母颜色的中间色，在色相环上，试板颜色、微调色母颜色比邻目标板颜色两侧。若试板颜色相对于目标板颜色在色相环上偏左，则应添加色相环上目标板颜色右边的颜色来调整；同理，若试板颜色相对于目标色在色相环上偏右，则应添加目标板颜色左侧的颜色来调整。应少量逐步添加，色调调整一致后，再调整明度和彩度（饱和度）。

**例 1** 比较图 5-22 中的试板 1 与目标板的色差，拟定调色方案。

经比色鉴别，试板 1 较目标板颜色偏蓝（带蓝色的味道），明度略暗。试板 1 的颜色在色相环上位于目标板颜色位置的左边（见图 5-23），故应选取色相环上目标板颜色右边的黄色（或橙色，尽量是颜色配方上的色母）来调整色调；由于黄色明度较高，故加入黄色后可同时试样颜色的明度也会有所提升。颜色调整效果趋势如图 5-24 所示。

图 5-22 试板 1 与目标板

### 2. 消色法调色

消色法也是汽车涂料颜色微调方法之一。消色法在开始调色之前必须首先确定试板和车色之间的差别。考虑色差要从 3 个方面入手：（1）色调：红/绿，蓝/黄；（2）明度：浅/深；（3）饱和度：鲜艳/浑浊，可目测，也可用色差仪测量。

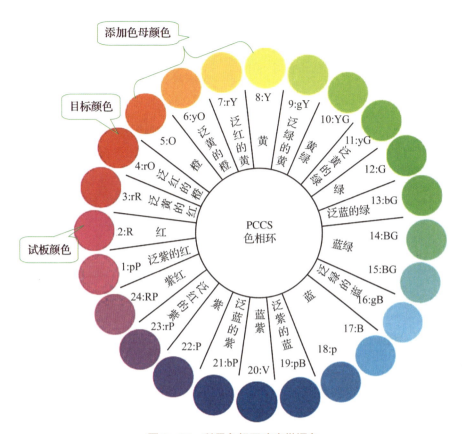

图 5-23　利用色相环确定微调色

图 5-24　颜色调整效果趋势

试板与目标板比较，若过红则可加绿青色系色母调整；若过黄则可加蓝色系色母调整；若过绿则可加红紫色系色母调整；若过蓝则可加黄橙色系色母调整。因为黄和青、紫和蓝、红和绿互为补色,但是颜料的这种混合将导致明度下降,可以用黑、白来调节混色的明度。

**例2** 图5-25中试板颜色相对于目标板颜色过红,二者在色母分布图上的位置如图5-26所示,故可添加青绿色系色母S010或S011、S012来微调(尽量在配方中选取)。

图5-25 颜色比较辨别色差

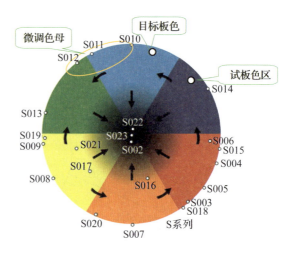

图5-26 色母分布图

## (四) 色母特性认识

**1. 颜料分类**

汽车油漆颜料包括纯色颜料、金属颜料(铝片)、珍珠颜料。

(1) 纯色颜料:给涂料提供颜色以及遮蔽力。

(2) 金属颜料:可提高颜色明亮度,使颜色变得更鲜艳,改善油漆性能。广泛应用的银粉漆是由无数块不透明的灰色铝片组成。当太阳光照射到漆面上时,只能反射出单一的灰色调。

(3) 珍珠颜料:珍珠漆里含有许多不同厚度的、半透明的云母片。由于云母片自身具有半透明性,因此当太阳光照射到它上面后,光会透过云母片,反射出油漆底层的颜色,且会经过多次折射,最终反射出来的光束会产生多彩的效果,具有深度、立体的感觉。其缺点是遮蔽力低、耐候性较弱。

**2. 金属银粉漆**

金属漆在阳光下产生独特的闪光,直接观察和间接观察时,色调会发生很大的变化,透明度和深度极好。金属漆中金属片排列方向对色泽有明显的影响。金属片平行排列,则正面观察较亮,侧面观察较暗;金属片随机排列,则正、侧面观察亮度差别较小,如图5-27所示。

**3. 珍珠颜料**

珍珠颜料有白珠光云母珍珠、干扰型云母珍珠、着色云母珍珠、银云母珍珠等类型,云母珍珠颜料的构造及呈色原理如图5-28所示。珍珠漆的正面、侧面颜色有明显差异(见图5-29),故在颜色调配时应多角度观察比较。

项目 5　调色工艺

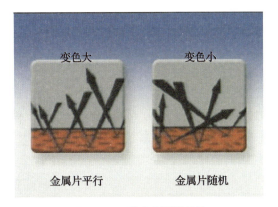

图 5-27　观察金属银粉漆

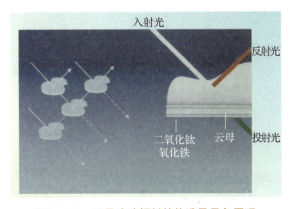

图 5-28　云母珍珠颜料的构造及呈色原理

（a）　　　　　　　　　　　　　（b）

图 5-29　珍珠漆正面和侧面观察颜色效果

（a）正面；（b）侧面

三、项目实施

**任务一　溶剂型色漆调色**

各车辆的面漆颜色不尽相同，即使是统一品牌型号的车辆颜色也会有所差异。汽车涂层色差产生的原因有多种，生产过程中批次不同、涂料批号不同、涂装设备或环境不同都

113

可能导致色差。此外，使用过程中风吹、日晒、洗车、打蜡、雨露腐蚀都是导致色差的因素。所以，要恢复受损汽车涂层颜色，首先要调好颜色。

汽车涂料的修补要与原车漆颜色完全一样是几乎不可能的事，只能将颜色调至某一程度，令人的眼睛察觉不出它的差异。

### 1. 安全防护

调漆时应做好安全防护（见图 5 - 30），安全防护用品有护目镜、防毒面具、防溶剂手套、防护服等。

### 2. 工具材料准备

油漆调色所需物品有调漆机、压缩气源、颜色配方管理系统（色卡、色母挂图、色差仪、计算机或智能手机颜色配方查询系统等）、电子秤、比例尺、调漆棒、调漆容器、滤网、喷枪、烘箱、配色灯、试样样板、吹风枪等。

1) 调漆机

调漆机又称油漆搅拌机，如图 5 - 31 所示，通常上午和下午各搅拌 1 次，每次 15 min。

图 5 - 30　安全防护穿戴

图 5 - 31　调漆机（油漆搅拌机）

工具设备

2) 电子秤

电子秤（见图 5 - 32）又称配色天平，是一种称涂料用的专用天平，用于辅助计算适当的混合比，由托盘秤、电子显示器、集成电路板组成。调色用电子秤精度应不低于 0.1 g。电子秤的灵敏度较高，使用时应避免大的气流（风）。

电子秤的操作程序是：

（1）电子秤必须水平放置，绝对避免高温、振动；

（2）打开电子秤总电源开关，按下电子秤电源开启按钮，暖机 5 min；

(3) 按下归零键,将被称物轻置于秤板中心,依序操作;

(4) 使用完毕后,按下电子秤电源关闭按钮,关闭电子秤电源总开关。

3) 颜色配方管理系统

技师可利用色卡、线上线下调色管理系统、颜色手册、色母挂图等工具进行颜色比较、配方查询、选定微调色母。颜色配方管理系统如图5-33所示。

4) 调漆容器

调漆容器选用塑料容器,最好使用上下口径一样的直筒型或有刻度标尺的容器,如图5-34所示。

5) 烘箱

烘箱是一种强制烘干实验样板的烘干设备,在人工调色烘干样板时使用,如图5-35所示。

6) 配色灯

配色灯发出的光接近阳光,可在夜间或下雨时代替阳光,有时作成灯箱,如图5-36所示。

图5-32 电子秤

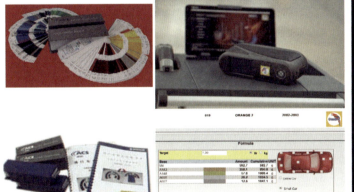

图5-33 颜色配方管理系统

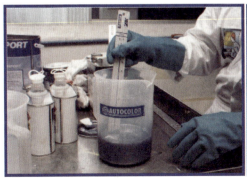
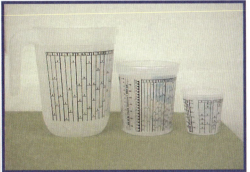

图5-34 调漆容器

图 5-35 样板烘干箱

图 5-36 配色灯

**3. 施工步骤**

油漆调色工艺流程图如图 5-37 所示。具体操作步骤如下。

1）确定配方

确定配方有多种方法，如色卡对比法、车身颜色代码查询法、仪器测量查询法等。

（1）色卡对比法。

在修复区域附近进行抛光，去除灰尘，恢复车色原貌，利用油漆公司提供的色卡，从色相、明度、彩度这 3 个方面与车身颜色进行对比（见图 5-38），挑出最接近的颜色，将颜色编码输入对应的油漆颜色管理系统查找颜色配方，并打印记录。

（2）车身颜色代码查询法。

在车身铭牌上查找颜色代码（见图 5-39），并将之输入颜色管理系统查找颜色配方（见图 5-40）并打印记录。

如果车身上找不到颜色信息，则查找汽车使用说明书或涂料供应商提供的颜色资料。

（3）仪器测量查询法。

如图 5-41 所示，利用可见光分光光度计测量车身漆面颜色，将颜色数据导入颜色管理系统查出该颜色的配方并打印记录。

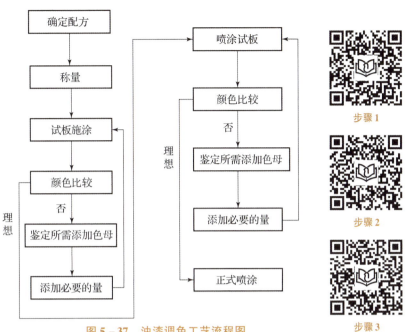

图 5-37　油漆调色工艺流程图

步骤 1

步骤 2

步骤 3

图 5-38　色卡对比

图 5-39　查找车身颜色代码

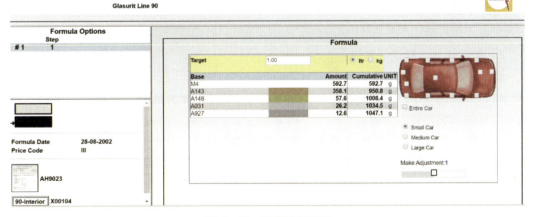

图 5-40　查找颜色配方

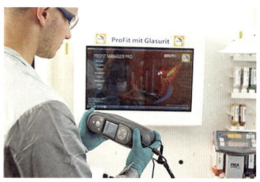

图 5-41 仪器测量查询

(a) 测量车身颜色；(b) 查询颜色配方

2) 称量

根据配方准确称量（通常总量是 1 L 或 0.5 L）。一定要精确，即使是微小的差别也会影响到最后的颜色，所以不能忽略不计。称量后立即彻底搅拌。建议先添加用量大的漆料，再添加用量少的色母（见图 5-42），仔细搅拌（勿将色母残留在容器壁上），搅拌均匀待用。

3) 试板施涂

将搅拌好的油漆薄薄地刮涂在试板上（见图 5-43），然后放进烘箱充分干燥。

图 5-42 称量色母　　　　　　　图 5-43 试板施涂

4) 颜色比较、鉴定所需添加色母

将试板与原车颜色比较。

(1) 如果色差小，效果比较理想，则可进行步骤 5）喷涂试板。

(2) 如果色差较大，效果不理想，则要考虑以下几点：称量是否正确，漆膜是否彻底干燥，遮蔽是否充分，选择配方是否正确。如果都没问题，则辨别色差，选取微调色母。微调色母尽量选用配方中的色母，参考色母特性表，了解色母的调色特性，确定加入色母后颜色的走向是更红/更绿，或更蓝/更黄，或更深/更浅，或更纯/更浊，然后从步骤2）称量好的油漆中取出 100 g 进行颜色微调，向其中添加所需添加的色母（一般添加色母配方绝对量的 10% 左右），并做好记录，重复步骤3）、4），直至获得理想颜色效果。

5)喷涂试板

从步骤2)称量好的油漆中取出100 g油漆,充分搅拌,添加固化剂、稀释剂等辅料,混合均匀后喷涂试板(见图5-44),待充分干燥后再进行颜色比较(见图5-45)。在喷涂试色板时,一定要使用与喷涂车辆时相同的工艺和喷枪。

图5-44 喷涂试板

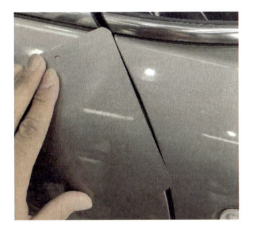

图5-45 颜色比较

步骤5

6)再次颜色比较

将干燥后的喷涂试板与车身颜色进行比较,鉴别色差。

若色差较小,颜色理想,则准备进行步骤8)正式喷涂。若色差较大,颜色还不是很理想,则鉴定所需添加色母,进行步骤7)颜色微调。

7)微调

从步骤2)称量好的油漆中取出100 g进行颜色微调,向其中添加上一步确定的需添加的色母(一般添加色母配方绝对量的10%左右),并做好记录。充分搅拌,添加固化剂、稀释剂等辅料,混合均匀后喷涂试板,待充分干燥后进行颜色比较。

若微调试板颜色与车身颜色很接近,比较理想,则记下准确配方,准备正式喷涂车辆。

若微调试板颜色与车身颜色还有较大的色差,还需继续微调,辨别色差,确定应添加色母,重复步骤5),直到色差较小,达到理想效果为止。

8）正式喷涂

记下理想效果颜色的最后配方，根据此配方计量、添加固化剂、稀释剂等辅料，混合充分，正式喷涂车辆。

**注意事项**

（1）微调添加色母的选取至关重要。

调整色调时，要明确车身颜色、试样颜色在色相环上的位置。认真分析配方中使用到的色母种类，尽量选用配方中的色母进行调色。若试样颜色相对于车身颜色在色相环上偏左，则应添加色相环上车身颜色右侧的颜色来调整；同理，若试样颜色相对于车身颜色在色相环上偏右，则应添加车身颜色左侧的颜色来调整。

色调调整一致后，再来调整明度和彩度（饱和度）。

步骤6

（2）参照原车色辨色。

①充分考虑修补区域的影响因素：遮阳膜、氧化、老化、失光等。

②考虑光源对视线的影响。

③考虑周围的影响因素：墙、车辆。例如，白色车旁停靠着红色车会影响人判断颜色的敏锐度。

④以第一次的印象为准，盯视时间越长，越难以判断。

（3）微调守则。

①配方组成分析，研究色母特性，使用原配方中含有的色母。

②保证从浅到深、从清到脏调整。

③提供足够的喷涂遮蔽力。

（4）认真喷涂测试板。

①避免与湿漆对色。

②大多数素色干燥后会变深或浓。

③利用测试板作为最终依据。

④在漆膜干固后再辨色。

（5）建立色谱资料档案。

将所有样板背后注明配方，建起色谱资料档案，为将来的工作节省时间。

**知识拓展**

1. 影响金属漆颜色效果的主要因素

1）银粉排列方式

由于银粉漆里面添加了铝片等闪光材料，会因光源的方向、眼睛的位置和观察角度不同而显示不同的颜色，故比较色差时应注意：从不同角度观察对比；颜色是否太深或太浅、太亮或太暗、饱和或模糊；铝片颗粒的大小是否均匀；珠光色闪光是否有差别等。

2）银粉颜料类型

（1）细银粉的侧面亮度低，不够闪亮，但正面色泽细腻滑润。

(2) 中银粉通常是单独使用，或与其他银粉配合使用。

(3) 粗银粉对侧面色调的影响较大，亮度高。

3) 环境因素和喷涂技巧

干喷金属漆会使颜色显得较浅较亮，铝片在油漆表层呈各种角度。湿喷金属漆使颜色显得较深较暗，铝片在湿油漆中嵌入很深，铝片与漆膜平行而且位置更深。如图 5-46 所示。

在判断颜色准确性之前，应先确保正侧色调的关系正确。

图 5-46　喷涂技巧对金属漆喷涂效果的影响

2. 金属漆试板喷涂

从步骤 2）称量好的标准配方油漆中取出 100 g 进行颜色微调，向其中添加上一步确定的色母（一般添加色母配方绝对量的 10% 左右），并做好记录。充分搅拌，添加固化剂、稀释剂等辅料，混合均匀后喷涂试板，待 15 min 指触干燥，再喷上清漆后进行颜色比较。

3. 珍珠漆微调的注意事项

(1) 漆膜颜色来自底色和珍珠漆的整体颜色。

(2) 熟悉所添加色母的正侧向特性（见图 5-47）。

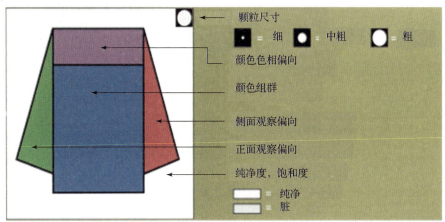

图 5-47　珍珠色母正侧向特性

(3) 底色的遮蔽情况。

(4) 底色的颜色。

(5) 珍珠漆的喷涂层数（见图 5-48）。

(6) 清漆层数（见图 5-49）。

图 5-48 分层喷涂珍珠漆

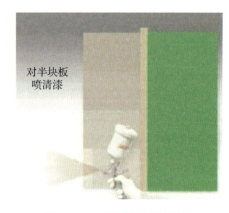

图 5-49 对半块板喷涂清漆

(7) 观察的光源和角度。

## 任务二 水性漆调色

### 1. 安全防护

调漆时应做好安全防护,安全防护用品有护目镜、防毒面具、防溶剂手套、防护服等。

### 2. 工具材料准备

油漆调色所需物品有调漆机、保温箱、压缩气源、颜色配方管理系统(色卡、色母挂图、色差仪、计算机或智能手机颜色配方查询系统等)、电子秤、比例尺、调漆棒、容器、滤网、喷枪、烘箱、配色灯、试样样板、吹风枪等。水性漆保温箱如图 5-50 所示。

图 5-50 水性漆保温箱

### 3. 施工步骤

1)确定配方

水性漆颜色配方的查询方法与溶剂型色漆调色程序中确定配方的方法基本相同。认真分析配方,注意颜色配方界面上所标识的灰度值,在喷涂色漆前使用该灰度的中涂底漆或者底色漆,会使色漆更加容易遮蔽。

2)称量

根据配方准备好对应的色母,调好电子秤(精度不低于 0.1 g),称取总量,通常总量是1 L或0.5 L，选取塑料容器。尽量先添加用量较大的漆料，后添加用量较小的色母。一定要精确，即使是微小的差别也会影响到最后的颜色，所以不能忽略不计。

3）调漆

称量后立即彻底搅拌，搅拌时一定要仔细，勿使微量色母黏附于杯壁致使颜色出现误差。用水性漆专用的尼龙过滤漏斗过滤。调好的色漆须存放于5～35 ℃的保温柜或房间。

4）喷涂色板

水性漆试色板（见图5－51）应先喷涂可调灰度的中涂底漆或可调灰度的底色漆。在喷涂试色板时，一定要使用与喷涂车辆时相同的工艺和喷枪。使用水性漆专用吹风枪（见图5－52）吹干涂层，吹风枪的距离在30 cm以上，并保持45°角。喷涂完色漆后，再喷涂清漆层，以保证准确比色。

图5－51　水性漆试色板

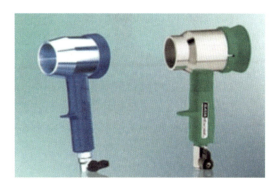

图5－52　水性漆专用吹风枪

5）比较颜色

待漆膜干燥后，在日光（或标准光源比色灯）下比较试板与车身的颜色。从正面、半侧面、侧面进行颜色比较（见图5－53）。如果色差不明显，基本一致，则进行步骤7）正式喷涂；如果色差明显，则进行步骤6）微调颜色。

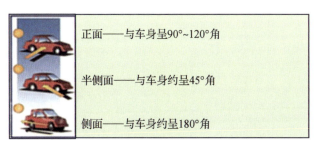

图5－53　从正面、半侧面、侧面比较颜色

6）微调颜色

如果色差明显，需要微调，则根据步骤5）多角度的观察比较结果，结合配方中各色母特性，利用中间色原理或消色法鉴定所需添加的微调色母。从步骤2）称量搅拌好的漆料中称取100 g倒入洁净的量杯，再向其中加入微调色母。再次喷涂试板，直到颜色正确。

每次可少量添加（约为配方中该色母绝对量的10%），若颜色变化趋势正确，则逐步加量微调，直至颜色基本一致，即可准备正式喷涂。并记下每次微调的配方，贴至对应的试板背面，以供存档参考。

7）正式喷涂

按最后正确配方称量适量的漆料，充分搅拌，调配好后正式喷涂。

## 四、自我测试题

1. 填空题

（1）光的三原色是_____、_____和_____。

（2）色料的三原色是_____、_____和_____，其二次色是_____、_____和_____。

2. 简答题

（1）简述色料混合的基本规律。

（2）简述汽车溶剂型色漆调色工艺流程及注意事项。

（3）简单介绍金属漆颜色微调注意事项。

# 项目 6

## 面漆的施涂

## 一、项目描述

汽车面漆施涂的方式主要以喷涂为主,是技术性要求较高的工作。过去,汽车的面漆喷涂以素色漆(白、蓝、黑、红等单色以及相关复色)为主,相对而言对修补漆的喷涂要求不高。随着金属漆以及珍珠漆在汽车上应用的迅速增长,汽车修补漆的性能不断提高,对喷漆技师的作业要求也在提高。

因此,在汽车面漆喷涂时,应严格按照所采用的汽车修补漆供应商提出的施工要求,控制涂装条件及工艺。喷漆技师不仅要认真选择所有的材料和施工工具,而且对施工环境(温度、湿度)的控制,冬、夏季稀释剂的选择以及喷枪的调整等也需认真对待,这样才能使漆面的色彩和光泽度达到几乎还原的效果,同时使漆膜的附着力、硬度和耐久性得到提高,达到汽车漆面修复涂装要求。

1. 知识要求

(1)熟悉汽车面漆的作用和分类。
(2)熟悉汽车面漆喷涂的种类与方法。
(3)了解汽车面漆喷涂质量的主要影响因素。
(4)熟悉汽车面漆干燥方法。
(5)熟悉汽车面漆抛光方法。

2. 技能要求

(1)掌握汽车面漆喷涂前的准备工作。
(2)掌握单工序素色漆的整喷与修补施工工艺。
(3)掌握双工序素色漆、银粉漆、珍珠漆的整喷与修补施工工艺。
(4)掌握三工序珍珠漆的整喷与修补施工工艺。
(5)掌握水性漆喷涂施工工艺。
(6)掌握清漆喷涂施工工艺。
(7)掌握面漆的干燥与抛光施工工艺。

3. 素质要求

(1)个人能正确进行安全防护用品的选择及穿戴,具备车间安全意识。
(2)5S管理、车间设备工具和环境保护持续改善。
(3)养成受损板件的维修质量和效率意识。

## 二、相关知识

### (一)面漆的作用和分类

1. 面漆的作用

面漆的主要作用是装饰,并可用于添加色彩、光泽、平滑性及其他增强品质,以确保这些品质经久长效。

2. 面漆的分类

1）按干燥和固化方法不同分类

面漆涂料按照干燥和固化的方法不同，大致可划分为以下几类。

（1）溶剂蒸发型面漆涂料。

溶剂蒸发型面漆涂料是单组分清漆，虽然干燥很快，容易处理，但不如广泛使用的双组分型面漆涂料那么坚韧。

（2）双组分型面漆涂料。

双组分型面漆涂料以丙烯酸氨基甲酸酯涂料为代表，主要成分中的醇与固化剂中的三聚异氰酸盐起反应，产生氨基甲酸酯。

双组分涂料的主要成分为丙烯酸树脂或丙烯酸树脂与聚酯树脂的组合，需要与固化剂异氰酸盐一起使用。

双组分型涂料有极佳的涂层性能，包括保持光泽、自然老化、耐溶剂性及平滑纹理。但干燥很慢，并且需要干燥设备进行适当干燥。

（3）热聚合型面漆涂料。

热聚合型面漆涂料是单组分涂料，烘烤型，包括热固氨基醇酸与热固丙烯酸。在受到140 ℃高温时固化。广泛用于汽车生产线，很少用于重涂修补中。因为需要高温烘烤设备，所以要拆下或保护塑料部件等。

各类型面漆涂料特性如表6-1所示。

表6-1 各类型面漆涂料特性

| 项目 | 涂料名称 | | | |
| --- | --- | --- | --- | --- |
| | 溶剂蒸发型面漆涂料 | 双组分型面漆涂料 | 热聚合型面漆涂料 | |
| | NC丙烯酸清漆 | 丙烯酸聚氨酯 | 热固氨基醇酸 | 热固丙烯酸 |
| 主要成分 | 硝酸纤维+丙烯酸树脂 | 丙烯酸树脂+三聚异氰酸酯 | 三聚氰胺树脂+醇酸树脂 | 丙烯酸树脂+三聚氰胺树脂 |
| 类别 | 单组分 | 双组分 | 单组分 | 单组分 |
| 光泽保持 | 不太好 | 极好 | 极好 | 极好 |
| 抗泛黄性 | 不太好 | 极好 | 极好 | 极好 |
| 纹理 | 不太好 | 极好 | 极好 | 极好 |
| 抗吸收性 | 不太好 | 极好 | 极好 | 极好 |
| 铅笔硬度 | B-H | H-2H | H-2H | H-2H |
| 对原涂膜（烘烤涂层）的附着力 | 好 | 极好 | 好（可用抛光剂打磨） | 好 |

续表

| 项目 | | 涂料名称 | | | |
|---|---|---|---|---|---|
| | | 溶剂蒸发型面漆涂料 | 双组分型面漆涂料 | 热聚合型面漆涂料 | |
| | | NC 丙烯酸清漆 | 丙烯酸聚氨酯 | 热固氨基醇酸 | 热固丙烯酸 |
| 抗溶剂性 | 硝基纤维漆稀释剂 | 不好 | 极好 | 极好 | 极好 |
| | 汽油 | 不太好 | 极好 | 极好 | 极好 |
| 可重涂性 | | 好 | 极好 | 极好 | 极好 |
| 遮蔽力 | | 不太好 | 好 | 极好 | 极好 |
| 易于使用 | | 好 | 好（三聚异氰酸酯有毒） | 不太好（含三聚异氰酸酯） | 不太好（需要烘烤） |

2）按涂层不同分类

面漆涂料按照涂层不同大致可划分为 2 种。

（1）底色涂层。

混合色母使用面漆专用涂料。颜料的类型各异，因此色母的种类繁多。水性漆，涂料中大量有机溶剂由水代替，有单组分型。有机溶剂型漆，有单组分型及双组分型。双组分型有机溶剂型漆无须另加清漆涂层。

（2）清漆涂层。

清漆涂层是一种仅含树脂和溶剂，而不含颜料的涂料层。施涂底色涂层后，可将清漆涂层用作面漆来施涂。通常使用双组分型。

使用单组分型时，务必要施涂清漆涂层。单组分型清漆涂层比双组分型形成的涂层性能稍差。

## （二）面漆喷涂的种类与手法

汽车面漆喷涂是在更换后的钢板和零件上喷涂面漆的操作，以期给工件上色及增加光泽、恢复喷涂表面与未受损部位外观一致的光泽和纹理。面漆喷涂表面的维修方法要根据受损位置、区域面积、颜色和涂层类型来选择，大致可分为局部重涂与整车重涂。下面重点介绍局部重涂。

晕色

### 1. 局部重涂

根据喷涂方法和喷涂面积的不同，局部重涂又分为以下几类。

1）点重涂

点重涂是指喷涂工件表面比较小的划痕，如图 6-1 所示。为了使新喷涂涂层的颜色和纹理与

图 6-1 点重涂

周围区域混合一致，需采用过渡方法（晕色法）施涂底色涂层和清漆涂层。以翼子板尖部点重涂时，翼子板中央区域进行晕色作业为例。

优点：可以缩小重涂区域；晕色使颜色差别不易辨别；晕色区可用很短时间打磨，因为晕色只限于很小的面积。

缺点：晕色区与块重涂相比，其纹理会变得比较粗糙；要求技术员具有熟练的晕色技术。

喷涂要求：允许在钢板内有过渡的损伤。

过渡清漆涂层需要抛光，因此研磨和施涂清漆涂层时，应尽量采用一种可缩小抛光区域的方法。过渡（或晕色）是使过渡重涂区域和未受损涂层两者在颜色上无明显差异的一种方法。使至未受损部位的涂层逐渐变薄，这样颜色就会稍有重叠，且两颜色之间的边界也会消失。

块重涂

2）块重涂

块重涂是指喷涂与其他部件分开的钢板平面上整块板件（如翼子板或车门板）的底色涂层和清漆涂层，如图6-2所示。由于这些板材与其他部件之间有分界线，因此不需要采用晕色法（但是更应该注意颜色的准确性）。以整块车门门皮的块重涂为例。

优点：易于匹配纹理。

缺点：重涂区域大；原始钢板和重涂钢板之间的色差极易辨别。

适用情况：素色或易于调配的颜色；多处损伤或大面积损伤；涂层老化且失去光泽；涂层曾修复过且与周围钢板在颜色、纹理或光泽上略有差异。

图6-2 块重涂

3）带过渡的块重涂

采用过渡方法施涂底色涂层，并在整个钢板上施涂清漆涂层，如图6-3所示。

优点：易于匹配纹理；色差不易辨别。

缺点：重涂区域大；需要过渡技术。

适用情况：难以调配的颜色（金属色和珍珠云母色）。

2. 喷涂手法

面漆的喷涂手法要求较细腻，以获得良好的色彩光泽效果，包括以下几类。

1）干喷

干喷指喷涂时选择的溶剂要快干、气压较大、漆量较小、温度较高、喷枪距离较远、喷涂速度较快等，喷涂后涂膜又薄又干而且没有光泽。

2）湿喷

湿喷指喷涂时选择的溶剂要慢干、气压较小、漆量较大、温度较低、

图6-3 带过渡的块重涂

涂装连接技术

喷枪距离较近、喷涂速度较慢等,喷涂后涂膜较厚、较湿,有流动性,漆膜的光泽度好。

3)湿碰湿

一般讲的湿碰湿同湿喷有相似之处,都要求在上道漆层没有完全干燥时继续喷涂下一道漆。

4)雾化喷涂

雾化喷涂俗称飞雾法喷涂,又叫飞漆,一般用于金属漆的施涂。

5)带状涂装

当喷涂某个基材表面的边缘时采用此法。此时,应将喷枪扇幅调得相对窄一些,一般调整到大约 10 cm 宽。

### (三)面漆喷涂质量的主要影响因素与评价

#### 1. 面漆喷涂质量的主要影响因素

影响喷涂质量的主要因素包括黏度、温度和喷枪。

1)黏度

黏度是液体分子间相互作用,并由此产生阻碍分子间相对运动能力的量度,也可以称其为液体流动阻力(内摩擦力)。通常所说漆料的稀与稠,实际上就是指其黏度的大小。溶剂、稀释剂及温度的变化对液体流动性都有影响。同样,也正是流动性决定了漆料的雾化质量、在构件表面的流动性以及喷涂设备的类型。

制备漆料时,要严格按照油漆供应商提供的技术要求,用最适合修理美容车间的温度和条件的稀释剂,把油漆稀释至适当的黏度。否则,黏度过高将会使表面粗糙不匀,产生针孔和气孔等缺陷;黏度过低会造成流挂、失光,使漆膜不丰满。

车身涂漆中应根据技术要求调整黏度,并养成使用黏度计进行测试的习惯。稀释剂的用量与温度无关。当温度较高时,稀释后的漆料实际黏度可能稍低一些,但被喷枪喷到构件表面的过程中,稀释剂挥发较快,结果油漆喷到被涂构件表面时的黏度正好适合。相反,当温度较低时,稀释后的漆料黏度较高,但挥发慢,抵达构件表面时黏度正好。

2)温度

汽车面漆喷涂和干燥时的温度对漆面的光洁影响很大,这里的温度指喷漆室的温度和构件表面的温度。把热漆喷涂到冷构件或把冷漆喷涂到热构件上都会破坏流动性。稀释剂也应根据天气的冷暖来正确选用。

3)喷枪

要使喷漆获得平整光滑、厚薄均匀、光照如镜的漆面,除了要保证涂料的品种质量和被喷涂构件的底层基础外,更重要是有丰富的喷涂经验和正确的操作技术。在使用喷枪喷涂操作时,操作人员必须掌握最基本的喷枪调整和使用方法。

#### 2. 质量评价

1)纹理

确保重涂部位和未受损部位的纹理一致。

修饰喷涂时,用荧光灯照亮表面,以检查纹理和光泽,如图 6-4 所示。因为涂料类型不同,在施涂和干燥后纹理可能会发生改变,所以施涂涂料时,要考虑到纹理的变化。

项目 6　面漆的施涂

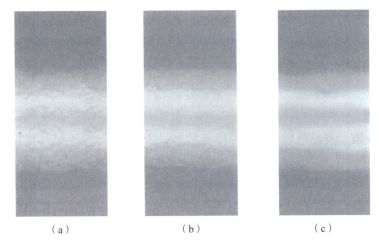

(a)　　　　　　　　(b)　　　　　　　　(c)

图 6-4　检查纹理和光泽

(a) 太粗；(b) 正常（原始表面）；(c) 平滑

2) 施涂遮蔽力低的色漆

此方法用于施涂遮蔽力（遮盖底涂层的能力）不良的色漆。遮蔽底涂层情况如图 6-5 所示。

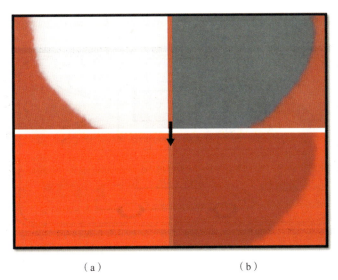

(a)　　　　　　　　　　(b)

图 6-5　遮蔽底涂层情况

(a) 已遮蔽底涂层；(b) 未遮蔽底涂层

施涂与底涂层颜色、灰度一致的专用中涂底漆后，再施涂遮蔽力低的色漆。应遵照制造商关于施涂步骤的说明进行。

## (四) 干燥

### 1. 干燥目的

干燥的目的是使表面充分固化以进行抛光。温度和涂层厚度会影响干燥时间。

2. 干燥步骤

(1) 干燥至可触摸的程度。用手指按压涂层时，涂料不粘手。

(2) 可以进行抛光。可以使用抛光机进行抛光。

(3) 可以存放在室外。即使存放在室外，也不会出现涂层缺陷。

(4) 完全干燥。溶剂完全挥发（涂层已交联）。

3. 干燥方法

干燥方法分为自然干燥与强制干燥。

1）自然干燥

自然干燥是不使用干燥设备涂料自然变干，干燥时间根据周围环境不同而异。

2）强制干燥

强制干燥是使用干燥器加快干燥过程，需预留足够固化时间。如果在固化时间内对表面进行强制干燥，则会出现针孔。

固化时间：喷涂后干燥前预留 10~20 min，使溶剂自然挥发。

4. 干燥方式

干燥方式分为热空气干燥法（间接加热法）与红外干燥法。

1）间接加热法

间接加热法（见图 6-6）是空气通过热交换器，热空气循环加热。由于含有挥发性溶剂的空气不直接与热源接触，此种加热方法很安全，但是加热效率低并且设备规格大。

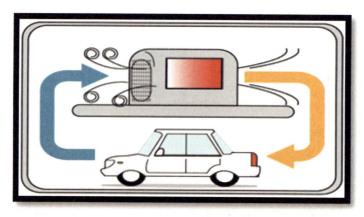

图 6-6　间接加热法

2）红外干燥法

红外干燥法分为远红外干燥法和近红外干燥法。

(1) 远红外干燥法是通过远红外线烤灯（见图 6-7）加热的灯管或钢板散发热辐射干燥。与近红外线烤灯相比，能量效率出色，加热时间更长。

(2) 近红外干燥法是将红外线管作为热源。与远红外线烤灯相比，加热快并且方便使用，但很可能出现针孔。

5. 干燥缺陷

1）针孔

出现针孔（见图 6-8）是由于固化时间不足。

图6-7 远红外线烤灯

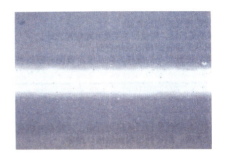

图6-8 针孔

解决方法是遵照制造商关于干燥的说明调节作业环境，打磨掉所有针孔并重涂表面。

2）光泽度低

光泽度低（见图6-9）是由于干燥不充分就对表面进行了抛光。

图6-9 光泽度低

解决方法是调节干燥环境，充分干燥表面，然后进行抛光。

3）抛光印

抛光印（见图6-10）是由于干燥不充分就对表面进行抛光。

图6-10 抛光印

解决方法是调节干燥环境，充分干燥表面，然后进行抛光。

### (五) 抛光

**1. 抛光目的**

（1）清除表面上的颗粒和涂料垂流。

（2）调节面漆纹理和光泽度，使其与原始表面一致。

（3）过渡区域抛光是为了修整过渡区域的粗糙表面，使其与周围表面的纹理和光泽度一致。

抛光过程1

抛光过程2

**2. 抛光要点**

1）质量

重涂表面的纹理和光泽度应与原始表面一致。

2）作业环境

作业环境需要足够明亮以检查漆膜质量，且需要干净的作业环境以避免灰尘损伤表面。

**3. 抛光缺陷**

1）砂纸印

粗抛光不充分会出现砂纸印（见图6-11）。解决方法是重新进行粗抛光。

2）纹理粗糙

表面抛光不充分和表面过度抛光会造成表面纹理粗糙（见图6-12）。

解决方法是仔细比较重涂部位和未受损部位，如果抛光不充分，则进一步抛光；如果表面过度抛光，则抛光原始表面与过度抛光表面一致，或重涂。

3）遮蔽不良

表面过度抛光会造成遮蔽不良（见图6-13）。

解决方法是使用遮蔽纸等保护表面，重涂表面。

图6-11 砂纸印

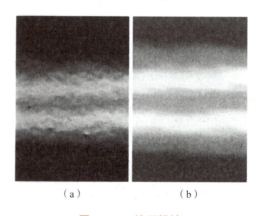

图6-12 纹理粗糙

(a) 抛光不充分；(b) 抛光过度

4）接口抛穿

表面过度抛光，抛光机从未受损表面移向重涂表面都会发生接口抛穿（见图6-14）。另外，调节了抛光垫的角度，使抛光垫的旋转方向从未受损表面向重涂表面旋转也会发生接口抛穿。

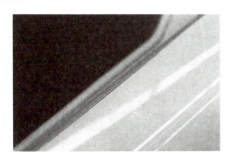

图6-13 遮蔽不良

图6-14 接口抛穿

解决方法是注意抛光机的移动方向和抛光垫的旋转方向，重涂表面。

## 三、项目实施

### 任务一 面漆喷涂前的准备工作

**1. 防护器具**

护目镜、防毒面具、防溶剂手套、喷涂工作服、喷涂工作帽。

**2. 所需物品**

遮蔽纸、遮蔽薄膜、纸胶带、空气吹尘枪、除油剂、擦拭纸、粘尘布、调色涂料、稀释剂（固化剂）、搅棒、计量天平或调漆尺。

**3. 作业流程**

遮蔽→清洁喷涂室→混合涂料→用空气吹净自身→用空气吹净车辆→表面除油→清洁待喷涂的表面→将涂料倒入喷枪。

1）遮蔽

在喷涂面漆前，为了防止面漆喷涂到其他无须喷涂的工件、密封条、装饰条表面，需要进行必要的贴护。遮蔽步骤如下。

（1）由于车辆遮蔽后要移入烤漆房喷涂面漆，因此在遮蔽之前要先对车辆的各个部位进行清洁，包括轮毂、轮胎、玻璃、各部件之间缝隙等。如果喷涂中涂底漆后是全部采用干磨工艺，则清洁工作可以不用水洗，而是使用吹尘枪将车身表面、各个缝隙吹干净即可，如图6-15所示。

如果喷涂中涂底漆后使用了水磨工艺，则清洁工作量就会大一些，需要使用水冲洗干净车身表面，然后再用吹尘枪吹干车身表面及各板件的缝隙，以免在遮蔽或者喷涂时有水渗出，影响后续操作及面漆质量，从而导致返工。

（2）为了保证遮蔽胶带的黏结性，如图6-16所示，对喷涂工件及周围区域先使用清洁剂进行除油清洁工作。这样就可以避免遮蔽完成后再进行除油清洁，破坏遮蔽部位，导致返工。

图 6-15　使用吹尘枪清洁车身

图 6-16　使用清洁剂清洁表面

（3）当遮蔽边缘是密封条、车身装饰条、把手等边界时，沿这些边界贴护。当需要在部件内进行局部修补时，可以沿分型线进行反向遮蔽，以避免面漆产生台阶，喷涂完成后，对漆雾进行抛光即可。

反向遮蔽是指遮蔽纸由喷涂区域朝外反折，使遮蔽纸形成一个圆弧，以避免喷涂面漆产生台阶，保证面漆干燥后通过抛光能够去除喷涂区域周围的雾喷虚漆，达到良好的漆面效果。为了减少面漆脏点，提高遮蔽效率，面漆前遮蔽最好的材料仍然是遮蔽膜和遮蔽纸（见图 6-17）。

为了不影响烤漆房的使用效率，减少对烤漆房内部环境的影响，面漆前遮蔽应该在烤漆房外面的专用遮蔽工位完成。为了方便将车辆移入烤漆房，车轮及前风窗玻璃等部位先留下来不要遮蔽，等到车辆移入烤漆房后再进行遮蔽（见图 6-18）。

图 6-17　使用遮蔽纸遮蔽

图 6-18　车辆进入烤房后完全遮蔽

2）清洁喷涂室

清除喷涂室中（包括天花板）的所有异物和灰尘。启用喷涂室，按照从上到下的顺序，用高于喷涂时所用压力空气的空气吹尘枪吹喷涂室的墙壁。如果喷涂室地板带有下水道，则用水冲洗地板，避免灰尘飘浮在空气中，影响喷涂质量。

3）混合涂料

混合面漆调色涂料，确保充分混合涂料（见图6-19）。混合涂料步骤如下。

（1）按照混合比例混合调色涂料，可用计量天平（按重量比），也可用调漆尺（按体积比）。

（2）搅拌调色涂料，直至将其混合均匀无杂色。

（3）遵照制造商关于混合比例和稀释剂选择的说明，选择与喷涂室环境温度和湿度相宜的稀释剂。

如果稀释剂用错或未正确稀释，则会导致涂料出现垂流或粗糙等缺陷。

4）用空气吹净自身

穿上喷涂工作服，佩戴喷涂工作帽。使用高于喷涂时所用空气压力的空气吹尘枪自上（头）至下（脚）吹空气，吹净自身（见图6-20），确保清除黏附在涂装者身上的所有异物或灰尘。全部吹净后，进入喷涂室。

图6-19 混合涂料

图6-20 用空气吹净自身

不要直接对着面部或耳朵吹空气，以防受伤。

5）用空气吹净车辆

将车辆开进喷涂室前，用空气吹整车，使用压缩空气清除整车上的所有异物、灰尘和水分（见图6-21），吹净钢板间的间隙及表面上所有脏污和灰尘。检查遮蔽胶带或遮蔽纸是否因为压缩空气吹尘导致脱落或撕开。

要点

（1）使用的空气压力要高于喷涂时所用的压力。

(2) 对着待喷涂的表面向外吹空气。

(3) 将车辆开进喷涂室前,用空气吹净车辆。清除工作应按顺序进行,不能有遗漏。以全车涂装为例,清洁工作可以先从车顶开始,然后是发动机罩、行李箱盖等,最后是车门和翼子板的间隙、行李箱盖和发动机罩的边缘等。

6) 表面除油

使用在除油剂中浸泡过的擦拭纸擦拭维修区域,溶解表面上的油液残留物,然后用干净的干擦拭纸擦拭表面,清除表面的所有油液(见图6-22)。

图6-21 用空气吹净车辆

图6-22 表面除油

(1) 如果除油不充分,则会产生鱼眼、脱落、锈蚀或起泡。

(2) 如果表面未擦拭干净,则残余油液会固化,从而造成鱼眼。

7) 清洁待喷涂表面

喷涂面漆前,用粘尘布清除喷涂表面的所有脏污和灰尘(见图6-23),具体步骤如下。

(1) 清除周围遮蔽纸上的所有脏污和灰尘。

(2) 清除待喷涂表面上所有脏污和灰尘。

图6-23 清洁待喷涂表面

(1) 使用新粘尘布前,先将其打开,然后再轻轻折叠使其柔软。

(2) 擦拭表面要轻柔,不要用力。

(3) 如果用力擦拭表面,则会使清除剂留在表面,从而造成鱼眼。

(4) 使用粘尘布擦拭钢板时,不要在钢板中央停止擦拭;否则停止点会聚集灰尘,可能难以清除。

8) 将涂料倒入喷枪

把使用漏斗过滤混合后的调色涂料倒入喷枪中(添加量为枪壶容量的70%~80%),盖紧枪壶盖(见图6-24)。

图 6-24　将涂料倒入喷枪

（1）使用漏斗过滤涂料，确保已清除所有异物。
（2）根据涂料类型（水性或溶剂型），选择合适的漏斗。
（3）将涂料倒入枪壶前，充分搅拌涂料。
（4）如果枪壶过满，涂料可能会从气孔泄漏。

### 任务二　单工序素色面漆的整喷与修补

面漆是涂于最外层的漆膜，起着装饰、标识和保护底材的作用，也是漆膜中唯一可见的部分，所以面漆涂装的技术要求很高。

面漆的分类方法很多，按颜色效果可分为纯色漆、金属漆和珍珠漆；按成膜物质种类可分为硝基漆、醇酸漆和丙烯酸漆等；按固化机理可分为溶剂挥发型面漆、氧化型面漆、交联反应型面漆等；按施工工序可分为单工序面漆、双工序面漆和三工序面漆等。而每一种分类方法都可能会相互交叉。

（1）单工序面漆，指喷涂 1 种涂料就能形成完整面涂层的喷涂系统。

（2）双工序面漆，指喷涂 2 种不同的涂料才能形成完整面涂层的喷涂系统，通常是先喷涂色漆，然后再喷涂罩光清漆，2 种涂层共同构成完整的面涂层。色漆通常包括纯色漆、银粉漆、珍珠漆。纯色漆只含有纯色颜料，银粉漆含有铝粉，珍珠漆含有云母颜料。由于铝粉和云母颜料都是金属或金属氧化物，因此银粉漆和珍珠漆统称为金属漆。

（3）三工序面漆，往往都采用珍珠漆，先喷一层底色漆，然后喷珍珠漆，最后喷罩光清漆，3 个涂层共同构成完整的面涂层。三工序珍珠面漆的效果比较好，但施工及修补相对较复杂。

本节介绍单工序素色面漆的喷涂步骤及方法要点。

（1）佩戴合适的防护用具（见图 6-25）：安全眼镜、供气式防护面罩、防溶剂手套、工作鞋。

（2）喷涂面漆前需对工件表面进行除油清洁。可使用 2 块专用清洁布，其中一块清洁布蘸清洁剂，擦拭工件表面，再用另一块干清洁布擦干；或者使用耐溶剂的塑料喷壶将清洁剂喷涂到工件表面，然后用一块干清洁布擦干。使用清洁剂对工件表面进行除油、清洁后，使用粘尘布粘去车体表面的灰尘、纤维等细小杂质（见图 6-26），以减少面漆上的脏点。

图 6-25 喷涂面漆安全防护措施

图 6-26 喷涂面漆时使用粘尘布清洁表面

（3）按照产品调配要求，添加合适的固化剂（双组分面漆）及稀释剂。搅拌均匀后用专用面漆过滤网过滤并加入喷枪，如图 6-27 和图 6-28 所示。素色面漆一般使用口径为 1.4 mm 的上壶面漆喷枪或口径为 1.6 mm 的下壶面漆喷枪喷涂。

图 6-27 面漆过滤网

图 6-28 面漆经过滤加入免洗枪壶

（4）按照产品要求正确调配喷枪，如图 6-29 所示。通常喷枪扇面调整至 20 cm 左右。喷枪气压（枪尾气压）一般设置如表 6-2 所示。

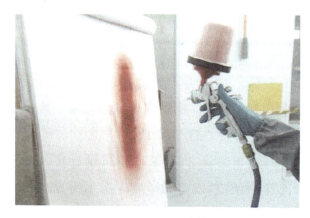

图 6-29 调配喷枪

表 6 – 2　喷涂单工序素色漆的喷枪气压设置

| 喷枪 | 枪尾气压/kPa |
| --- | --- |
| 传统喷枪 | 300 ~ 400 |
| 低流量中气压喷枪 | 200 ~ 220 |
| 高流量低气压喷枪（HVLP） | 180 ~ 200 |

具体喷枪设定参数需参照涂料生产厂商产品资料及喷枪生产厂商产品使用说明。

（5）喷涂面漆时，可先对中涂底漆部位喷涂 1 ~ 2 层，以预先遮蔽中涂底漆。一般来说，大部分单工序素色面漆喷涂 2 层即可达到所需的漆膜厚度。但有些颜色使用的颜料较为透明，遮蔽力相对较差，可能需喷 3 ~ 4 层才能完全遮蔽。每一层喷涂之间需要闪干，连续喷涂过厚会导致溶剂挥发时产生溶剂泡、针孔失光等缺陷。

固化剂、稀释剂一般都会分为慢干、标准、快干等多种类型，使用时要选择适合环境温度及喷涂面积的固化剂、稀释剂。

（6）完成喷涂后，将喷枪等工具、材料拿出烤漆房，闪干 10 min 左右后开始烘烤面漆，烤漆房由正常气温升至烘烤所需的 60 ~ 80 ℃。通常烤干单工序素色面漆需要工件表面达到 60 ℃后保持 30 min，故设定烤漆房时间时需考虑这一因素，设定的时间应包括升温所需时间加上烘烤所需时间。

（7）清洗喷枪。

（8）烘烤完成后，在车漆尚未冷却前去除遮蔽纸、遮蔽膜、胶带（见图 6 – 30），可保留所需的遮蔽纸、遮蔽膜用于抛光时的保护，但直接与漆面相接的胶带必须趁面漆未冷却时剥除，以免面漆完全冷却后，除去胶带时导致车身漆膜剥落。

以上为整喷单工序素色面漆的步骤，如果需要局部修补单工序素色面漆，则将步骤（4）调整为：按照小修补的方法调整喷枪；喷枪扇面调整至 10 ~ 15 cm，喷涂气压缩小至 100 ~ 200 kPa，出漆量也需要相应缩小。将步骤（5）调整为：按照从小到大的原则喷涂遮蔽修补区域的中涂底漆，

图 6 – 30　面漆烘烤干后除去遮蔽物

每层之间需预留 5 ~ 10 min 的闪干时间，完全遮蔽后，以 1∶1 比例添加驳口稀释剂，与剩余素色漆混合并快速搅拌均匀后向驳口部位喷涂匀化，然后倒出混合物，使用纯驳口稀释剂继续向驳口部位喷涂匀化至驳口部位合格。

（1）局部修补不适合在车顶、发动机罩等平面位置进行，因为这些部位的驳口位置会比较明显，利用喷涂及抛光要达到较高的漆面亮度及均匀美观的纹理比较难。

（2）一般来说，单工序素色面漆适用于在翼子板、保险杠、B 柱这些狭窄及有弧度的部位做局部修补驳口。

### 任务三　双工序素色面漆、银粉漆、珍珠漆的整喷与修补

本任务介绍双工序素色面漆、银粉漆、珍珠漆的喷涂步骤、方法要点。

（1）同喷涂单工序素色漆面漆一样，喷涂双工序素色面漆、银粉漆、珍珠漆前，必须佩戴合适的防护用具：安全眼镜、供气式防护面罩、防溶剂手套、工作鞋。

（2）使用清洁剂对工件表面进行除油、清洁，清洁方法和喷涂单工序素色面漆之前的清洁方法完全一样。

（3）按照底色漆调配比例要求，添加合适的稀释剂。搅拌均匀后，用专用过滤网过滤并加入喷枪。双工序素色面漆、银粉漆、珍珠漆一般使用口径为 1.3～1.4 mm 的上罐式面漆喷枪或口径为 1.4～1.6 mm 的下罐式面漆喷枪喷涂。

（4）将按照产品要求正确调配喷枪。整板吹涂时，一般将喷枪扇面调整为 20 cm 左右，喷枪气压设置见表 6-3 所示。

表 6-3　双工序素色面漆、银粉漆、珍珠漆的喷枪设置

| 喷枪 | 枪尾气压/kPa |
| --- | --- |
| 传统喷枪 | 第一遍（第二遍）遮盖喷涂 300～400，最后层雾喷 200 |
| 低流量中气压喷枪 | 第一遍（第二遍）遮盖喷涂 200～250，最后层雾喷 150 |
| 高流量低气压喷枪（HVLP） | 第一遍（第二遍）遮盖喷涂 130～180，最后层雾喷 110～120 |

（5）喷涂底色漆时，可先对中涂底漆部位喷涂 1～2 层，以预先遮蔽中涂底漆。然后整板喷涂 2 层左右底色漆，每一层之间需要闪干 5～10 min 后再喷涂下一层（也可以通过底色漆表面光泽判断，当表面光泽度降低至哑光时即可喷涂下一层）。连续喷涂过厚会导致溶剂挥发时产生溶剂泡、针孔、失光等缺陷。

完全遮蔽中涂底漆后，对于双工序银粉漆、珍珠漆，需薄喷一雾喷层以调整银粉、珍珠颗粒的排列，使颜色与原厂漆效果类似。然后再闪干 15～20 min 后喷涂清漆。闪干时间与喷涂厚度、气温、湿度都有关系，喷涂厚度较厚、气温较低、湿度较大时，涂膜干燥速度减慢，须增加闪干时间。底色漆闪干时间不够充足就喷涂清漆，会导致清漆中所含溶剂溶解底色漆而出现银粉珍珠发花、起云现象。

对于色漆漆膜中的脏点或者微小玻疵，可在色漆完全闪干后，使用 P1000 精磨砂棉进行打磨处理，先使用 P1500～P2000 水磨砂纸湿磨处理，然后再补喷色漆遮蔽打磨位置。

以上为整喷双工序面漆的步骤和方法，如果需要局部修补双工序素色面漆、银粉漆、珍珠色漆，则将步骤（4）调整为：按照小修补的方法调整喷枪，喷枪扇面调整至 10～15 cm，喷涂气压缩小至 100～200 kPa，出漆量相应缩小。将步骤（5）调整为：按照从小到大的原则喷涂遮蔽修补区域的中涂底漆，每层之间需预留 5 min 左右的闪干时间，完全遮蔽后，向驳口部位匀化喷涂至没有过渡痕迹和色差。

### 任务四　三工序珍珠漆的整喷与修补

三工序珍珠漆以白珍珠最为常见。由于这类颜色先喷涂底色漆，再喷涂低遮蔽力的珍珠色漆（云母），最后再喷涂清漆，因此被称为三工序。由于三工序珍珠漆比双工序珍

漆多喷一层，且其珍珠层为半透明，一方面能提高底色的反光性，另一方面可以使正面、侧面色调反差强烈，因此能给人造成深刻的印象。其中，底色一般选取浅亮的色漆，以纯色为主，也有少部分使用银粉漆；珍珠漆多数直接使用不添加其他颜色的纯珍珠色母。三工序珍珠漆整喷和修补难度都较双工序大。

同喷涂双工序面漆一样，喷涂三工序珍珠漆时须佩戴合适的防护用具：安全眼镜、供气式防护面罩、防溶剂手套、工作鞋。

三工序珍珠漆在表面前处理、稀释剂选择、喷枪调整方面与双工序珍珠漆没有太大区别，此处不再赘述。

整喷三工序珍珠漆，与整喷双工序珍珠漆相比，主要是要确保颜色层完全遮蔽中涂底漆后再喷涂珍珠层。珍珠层喷涂时，较双工序珍珠漆喷涂的湿度要低一些，以防止珍珠颗粒排列不均匀导致发花。由于三工序珍珠漆喷涂层数较多，因此一定要保证每一层之间的闪干时间。如有需要，每层之间可以使用粘尘布清洁漆尘。

为了确保颜色准确，三工序珍珠漆喷涂前应制作分色试色板比色；对于所有三工序珍珠漆的修补来说，喷涂多层喷涂试色板进行对色是非常重要的步骤。三工序珍珠漆的特殊性在于珍珠漆多喷一层和少喷一层，颜色会有很大差别，所以在喷涂三工序珍珠漆前需要喷涂多层喷涂试色板。具体喷涂工艺，详见单工序素色面漆的整喷及修补中相关内容。

相对于三工序珍珠漆的整喷，三工序珍珠漆修补技术难度更高。本任务将主要介绍三工序珍珠漆修补喷涂技术要点和步骤。

（1）喷涂颜色层。

颜色层必须完全遮蔽中涂底漆，且喷涂范围应逐层扩大，每一颜色层喷涂之前须确保上一层已充分干燥。最后一层可添加50%接口稀释剂，由颜色层部位向外延伸喷涂，以达到一个平滑的晕色区域。

（2）喷涂底层清漆。

将底层清漆在修补范围薄喷1~2次，以防止晕色部位漆尘及静电导致珍珠排列不均匀。底层清漆的调配参照各厂商产品说明，一般使用双工序调和树脂1∶1添加稀释剂。

（3）珍珠层浑浊喷涂（可根据具体情况决定是否采用此步骤）。

在珍珠层涂料中加入少量的颜色层涂料，在颜色层与珍珠层之间喷涂中间颜色层，使晕色部位模糊不清。珍珠层浑浊第一次比例为：珍珠层（已稀释）∶颜色层（已稀释）=90%∶10%，珍珠层浑浊第二次比例为：珍珠层（已稀释）∶颜色层（已稀释）=99%∶1%，喷涂范围逐层扩大。当珍珠层涂料中添加颜色层涂料导致颜色改变较大时，可减少颜色层涂料在混合涂料中的比例。

（4）喷涂珍珠层。

根据步骤（1）喷涂制作分色试色板时确定的需喷涂珍珠层数来喷涂，每一层珍珠层需作进一步延伸以使颜色得到充分过渡，消除颜色差异。

（5）喷涂清漆。

确定三工序珍珠漆修补效果无误后喷涂清漆，清漆喷涂方法与其他双工序颜色相同，此处不再赘述。

任务五　水性漆的喷涂

水性漆是以去离子水为主要溶剂、有机挥发物（VOC）含量较低的绿色环保产品，对环境、人类健康的危害比较小，且安全不易燃。传统油性溶剂型油漆则以有机溶剂为主，易燃，具有刺激气味，含有较多的化学性挥发物质，如果涂装时防护措施不全，对人体健康影响较大。汽车修补漆行业使用水性漆已经有二十几年的历史，大部分汽车涂料厂商的水性漆产品经过不断开发升级，已经完全克服了较早阶段水性漆产品干燥速度慢于溶剂型产品的缺点，以正确的工艺及方法使用水性漆，速度反倒远快于溶剂型漆。水性漆在颜色、漆膜牢固度和耐久度上均能达到或超过溶剂型漆的修补效果，且喷涂、修补操作更为简单，所以水性漆得到越来越多的应用。

水性漆包括水性环氧底漆、水性中涂底漆、水性底色漆、水性清漆，但由于汽车修补漆中，用量较大、含 VOC 比例最大的为底色漆，故在这几种水性漆产品中，目前最广泛使用的为水性底色漆，本书中主要介绍水性底色漆的使用。

虽然水性漆 VOC 含量低，但它仍然含有树脂、颜料、添加剂这些化学成分，故在调漆时，仍需佩戴安全眼镜、活性炭防护口罩（选配，通风不好时必须佩戴）、耐溶剂手套、防静电工作服、安全鞋。

喷涂水性漆时，仍有可能吸入有机气体，眼睛、皮肤接触到化学品，所以须佩戴规定的安全防护设备进行操作。喷涂含有异氰酸酯（双组分油漆固化剂）的水性环氧底漆、中涂底漆、清漆时，需要佩戴供气式防护面具；喷涂水性底色漆时需佩戴活性炭防护口罩。另外，须佩藏安全眼镜、耐溶剂手套、防静电工作服、安全鞋。喷涂水性底色漆的步骤如下：

（1）喷涂水性底色漆前，须使用水性清洁剂和溶剂型清洁剂进行 2 次清洁。须参照涂料厂商对清洁剂方面的使用要求，有些厂商要求先使用水性清洁剂清洁工件表面（见图 6-31），再使用溶剂型清洁剂清洁（见图 6-32）；有些厂商则恰恰相反。清洁时，可使用 2 块专用清洁布，一块清洁布蘸清洁剂，擦拭工件表面，然后马上用另一块干清洁布擦干；也可以使用耐溶剂的塑料喷壶将清洁剂喷涂到工件表面，然后用一块干清洁布擦干。使用清洁剂对工件表面进行清洁后，使用粘尘布粘去车体表面的灰尘、纤维等细小杂质，以减少面漆上的脏点。

图 6-31　使用水性清洁剂清洁表面　　　图 6-32　使用溶剂型清洁剂清洁表面

（2）按照产品调配要求，添加合适分量的水性漆稀释剂。与溶剂型底色漆不同，水性漆通常按质量比添加稀释剂，添加比例一般为 10%~30%。调配并搅拌均匀后，用水性漆专用过滤网过滤并加入水性漆专用喷枪。由于水性漆会溶解普通过滤网的黏结用胶水，故需要使用水性漆专用的 125 μm 网眼的尼龙过滤网过滤。

(3) 按照产品要求及所使用的喷枪特性选择合适的水性底色漆喷枪,一般来说,水性漆使用口径为 1.2～1.3 mm 的面漆喷枪喷涂,为了有利于环保及节约油漆,建议使用 HVLP 高流量低气压环保喷枪,按照产品要求及所使用的喷枪特性正确调配喷枪。喷枪气压(枪尾气压)的设置如表 6-4 所示。

表 6-4 水性漆的喷涂喷枪气压设置

| 喷枪 | 枪尾气压/kPa |
| --- | --- |
| 传统喷枪 | 第一遍(第二遍)遮盖喷涂 300～400,最后层雾喷 200 |
| 低流量中气压喷枪 | 第一遍(第二遍)遮盖喷涂 150～200,最后层雾喷 120～150 |
| 高流量低气压喷枪(HVLP) | 第一遍(第二遍)遮盖喷涂 120～150,最后层雾喷 100～120 |

具体喷枪设定参数需参照涂料生产厂商产品资料及喷枪生产厂商产品使用说明。

(4) 纯色水性底色漆遮蔽力较好,通常喷涂 1 个双层即可;对于银粉或珍珠水性底色漆,先喷涂 1 个双层,再喷涂 1 个雾喷层。对于颜色遮蔽力相对较弱的银粉或珍珠色漆,需喷涂 2 个双层,再喷涂 1 个雾喷层。每喷涂 1 个双层后,都需要使用吹风枪以大约 45°角斜吹工件表面,将水性底色漆吹干至哑光状态,通常吹 2～3 min 即可吹干。水性漆在温度 25 ℃、相对湿度小于 70% 的情况下干燥速度最快。如果可能,可以在车间安装温度湿度计(见图 6-33),以根据当时温度和湿度情况判断水性漆吹干所需时间。

(5) 喷涂底色漆吹干后如发现尘点,可用 P800～P1000 精棉砂纸打磨(见图 6-34),打磨好之后,在打磨区再补喷一层水性底色漆。

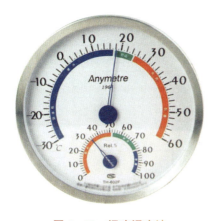

图 6-33 温度湿度计

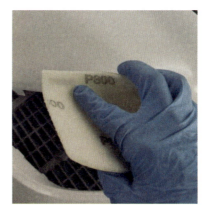

图 6-34 水性漆表面脏点打磨

(6) 喷涂清漆。

(7) 烘干的烘烤条件须参照具体产品说明书。一般来说,烤干双工序面漆同样需要工件表面达到 60℃ 后保持 30 min,设定烤漆房时间时同样需考虑升温时间,设定的时间应包括升温所需时间加上烘烤所需的 30 min。

以上为整喷水性底色漆的步骤和方法,如果需要局部修补水性底色漆,则在水性底色漆喷涂步骤(5)中可增加喷涂水性漆控色剂以使驳口修补操作更加简单易行,水性底色漆做修补时需将步骤(4)调整为:按照小修补的方法调整喷枪,喷涂气压缩小至 120～150 kPa,出漆量及喷涂气压都相应缩小。先在色漆修补区域边缘向外喷涂 50 cm 左右的水性漆控色剂,然后再按照从小到大的原则喷涂水性底色漆遮蔽修补区域的中涂底漆。纯色水性底色漆遮蔽力较好,通常喷涂1个双层即可进行驳口过渡;对于银粉或珍珠水性底色漆,喷涂1~2个双层至完全遮蔽中涂底漆后向外进行驳口匀化过渡。每喷涂1个双层后,都需要使用吹风枪以大约45°角斜吹工件表面,将水性底色漆吹干至哑光状态。

### 任务六　清漆喷涂

双工序底色漆及三工序底色漆喷涂完成,再根据产品特性进行充分闪干后,就可以继续喷涂清漆。清漆的作用是提供亮度、对色漆及其颜料的保护性、耐久性。目前,单组分的清漆已经几乎没有人使用,所以重点介绍双组分清漆的喷涂。双组分清漆喷涂步骤如下。

(1) 如同所有喷涂双组分涂料的安全要求,喷涂双组分清漆时须佩戴合适的防护用具:供气式防护面罩、防溶剂手套、工作鞋等。

(2) 为了除去底色漆闪干过程中可能落在表面的灰尘,以及除去喷涂底色漆时的雾喷漆尘,喷涂清漆前可使用粘尘布清洁表面。但一定要在确保底色漆干燥后再进行清洁。可先在工件相邻的遮蔽纸上指触判断是否可以粘尘。

(3) 按照所使用清漆的调配要求,添加合适的固化剂及稀释剂。搅拌均匀后,用过滤网过滤并加入喷枪。清漆一般使用口径为1.3~1.4 mm的上罐式面漆喷枪或口径为1.4~1.6 mm的下罐式面漆喷枪喷涂。为了提高效率,建议使用免洗枪壶。

(4) 将按照产品要求正确调配喷枪。整板喷涂清漆时,通常喷枪扇面调整至15~20 m,喷枪气压(枪尾气压)设置如表6-5所示。具体喷枪设定参数需参照涂料生产厂商产品资料及喷枪生产厂商产品使用说明。

表6-5　清漆喷涂喷枪气压设置

| 喷枪 | 枪尾气压/kPa |
|---|---|
| 传统喷枪 | 300~400 |
| 低流量中气压喷枪 | 200~250 |
| 高流量低气压喷枪(HVLP) | 180~200 |

(5) 喷涂清漆时,通常的喷法是先以1/2重叠中湿喷涂一层,闪干5~10 min,在工件相邻遮蔽纸上进行指触测试,所喷涂清漆可指触时,再以3/4重叠全湿喷涂一层(见图6-35)。两层之间的闪干时间非常重要,连续喷涂过厚会导致溶剂挥发时产生溶剂泡、针孔、失光等缺陷。

图6-35　喷涂清漆

(6) 完成喷涂后,将喷枪等工具、材料拿出烤漆房,闪干10 min左右后开始烘烤清漆,烤漆房由正常气温升至烘烤所需的60~80 ℃,烤干清漆需要工件表面达到60 ℃后保持30 min,故设定烤漆房时间应包括升温所需时间加上烘烤所需的30 min。

(7)清洗喷枪。

(8)烘烤完成后,同单工序素色面漆一样,在车漆尚未冷却前去除遮蔽纸、遮蔽膜、胶带,可以保留所需的遮蔽纸、遮蔽膜用于抛光时的保护,但直接与漆面相接的胶带必须先趁面漆未冷却就剥除,以免清漆完全冷却后,除去胶带时导致车身漆膜被剥落。

以上为整喷清漆的步骤和方法,如果需要局部修补清漆,则将步骤(4)调整为:按照小修补的方法调整喷枪,喷枪扇面调整至 10~15 cm,喷涂气压缩小至 100~200 kPa,出漆量及喷涂气压都相应缩小。将步骤(5)调整为:按照从小到大的原则喷涂修补区域,第一层中湿喷涂于底色漆区域,经过 5~10 min 的闪干后,第二层扩大并使用全湿喷涂,以 1∶1 比例添加驳口稀释剂,与剩余清漆混合,快速搅拌均匀后向驳口部位喷涂匀化,然后倒出混合物,使用纯驳口稀释剂继续向驳口部位喷涂匀化至驳口部位合格。

### 任务七 面漆的干燥与抛光

抛光主要是为了增加漆膜的光泽度与平滑度,消除漆面的颗粒轻微流痕、橘皮、细微砂纸痕迹、划痕等漆膜表面细小的缺陷。抛光处理既适用于旧漆面翻新,也适用于新喷涂面漆。

1. 旧漆面翻新抛光

汽车表面长期受到阳光、风沙、雨雪、温差等不良环境影响,漆面受到的侵蚀程度复杂多样。这些侵蚀只靠简单的水洗无法将其消除,需要进行翻新抛光处理,通过摩擦和抛光的作用来消除涂面的缺陷,使涂面重新变得光滑、靓丽。

2. 新喷涂面抛光

新喷涂的漆面可能存在一些缺陷,如流痕、尘粒、橘皮、失光、丰满度差等,以及局部喷涂时飞落于旧涂面的漆尘、新旧漆膜交界处的过渡区域,对于这些漆面上不太严重的缺陷,均可通过抛光处理去除。打蜡与抛光不同,打蜡的目的是蜡质在漆膜表面干燥后会形成一层薄的保护膜,该保护膜可以反射阳光中的紫外线,降低其对漆膜的破坏。同时,蜡膜有一定的硬度,可减轻划伤漆膜的程度,蜡膜的光泽能提高漆膜的光泽度、丰满度。因此,打蜡的作用往往在于保护,而抛光的作用是去除缺陷及补救。

新喷漆面应在漆膜完全干燥后进行抛光,双组分涂料应在喷涂后经过 60 ℃烘烤 30 min(金属表面温度),待漆面温度冷却后,手指压漆面而不会产生手指印或自然干燥 36 h 后进行抛光,具体需要根据所使用的产品说明书确定。抛光的步骤如下。

(1)抛光前遮蔽。

为了防止抛光前打磨及抛光时损伤相邻工件或者其他车身部件,需要进行遮蔽保护,可以尽量利用喷涂面漆时的遮蔽,即面漆完成后除去遮蔽时,对于可以保留的遮蔽材料可以保留至抛光使用,如图 6 – 36 所示。

(2)个人安全防护。

为防止吸入抛光时产生的微细粉尘、颗粒,抛光时应佩戴防尘口罩、防护眼镜,穿安全鞋。如果抛光前打磨采用干磨,打磨时同样须佩戴防尘口罩等安全防护用品。

(3)细磨缺陷部位。

具体打磨砂纸型号需参照不同砂纸生产厂商的要求。通常可以用半弹性垫块衬 P1200 水磨砂纸打磨缺陷部位,然后再用 P1500 水磨砂纸和 P2000 水磨砂纸打磨。也可以使用偏

图 6-36　保留遮蔽材料用于抛光前保护

心距小于 3 mm 的双动作打磨机配合 P1000、P2000、P4000 干磨砂纸打磨缺陷，把流痕、脏粒、轻微划痕打磨平整，使缺陷打磨部位达到无光（见图 6-37），但一定要注意不能磨穿漆膜，否则就需要重新喷涂。

由于车身表面存在弧度，且缺陷部位往往面积不大，因此使用小型打磨机及抛光机进行点打磨、点抛光是高效且低成本的方法（见图 6-38）。

图 6-37　打磨至无光

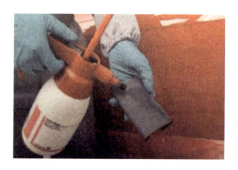

图 6-38　点打磨、点抛光

（4）粗抛光。

清洁表面，将抛光机的转速调至 1 000～1 500 r/min，安装好白色羊毛轮，将粗抛光剂均匀地涂于羊毛轮上，然后将抛光机的羊毛轮平放在漆面上后开动抛光机（见图 6-39），抛光机在漆面上有规律地沿水平方向来回移动抛光，一次抛光面积不宜过大，长、宽均约为 60 cm，抛光时要特别注意棱线、棱角及高出平面的造型，这些部位抛光时触及机会较多，容易磨穿漆膜。

（5）细抛光。

当漆面用粗抛光剂完成抛光后，漆面的打磨砂纸痕已经去除，漆面呈现部分光泽。此时，需要用细抛光剂

图 6-39　使用白色羊毛轮抛光

消除粗抛光机所产生的细小痕迹，使漆面更平滑、光亮。用干净的软布擦净前道抛光残留物，摇匀细抛光剂，将其均匀涂于黄色海绵轮表面（见图 6-40），此时应将抛光机转速调整到 1 800 r/min 左右，按照粗抛光同样的方法均匀移动抛光。对于抛光机难以进行抛光的部位，可以使用专用抛光软布进行手工抛光，直到漆面抛亮。完成抛光后，使用干净的软布擦净漆面。此时漆面外观亮度及丰满度应已经达到合格，只是对于深色漆面，还可

以看出细抛光剂抛光后的抛光轮转动痕迹,所以还需要继续使用更细的抛光剂进行细抛光。

(6) 消除抛光痕迹。

有必要时,例如对于深色漆面,使用更细的抛光剂及黑色海绵轮对漆面继续进行抛光(见图6-41),以消除前一道抛光剂抛光后所造成的抛光痕迹。

对于局部修补区域,可在漆膜完全干燥后,对接口部位使用小型抛光机进行抛光。

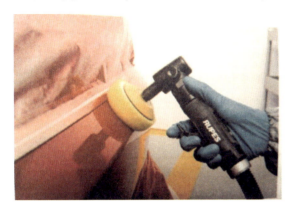

图6-40 使用黄色海绵轮抛光

图6-41 使用黑色海绵轮抛光

## 四、自我测试题

简答题

1. 哪种类型的塑料件需要清除脱模剂,并需要喷涂塑料底漆?
2. 面漆的种类有哪些?根据什么标准分类?
3. 影响面漆喷涂质量的主要因素有哪些?
4. 面漆涂装前应做好哪些准备工作?
5. 双工序素色面漆涂装步骤是什么?
6. 抛光的目的是什么?
7. 简述复合抛光的步骤。
8. 干燥和抛光分别有哪些缺陷?

# 项目 7

## 涂装漆膜缺陷

## 一、项目描述

在涂装作业过程中,由于施工材料、工艺、设备选择不当,或者作业环境恶劣,不能满足要求,均会导致漆膜产生缺陷。涂装缺陷有上百种,一般可分为漆膜缺陷和漆膜的破坏状态。所谓漆膜缺陷是指漆膜的质量与规定的技术指标相比存在的缺陷,一般产生于涂装过程;漆膜的破坏状态是指漆膜在腐蚀介质的作用下或在特定的使用条件下产生综合性能变化的外观表现。两者产生的原因及其防治方法有很大差别,必须清楚分类,才能有效地防治。

1. 知识要求

知道常见漆膜缺陷形成的原因和防治方法。

2. 技能要求

能够识别常见的漆膜缺陷。

3. 素质要求

(1) 个人能正确进行安全防护用品的选择及穿戴,具备车间安全意识。

(2) 5S 管理、车间设备工具改善。

## 二、相关知识

### (一) 使用环境导致的漆膜缺陷处理

1. 外界物质导致的漆膜缺陷

漆膜受到酸、碱性物质及工业沉降物,如沥青、机油、蓄电池电解液、鸟屎、树液等影响,会导致漆膜缺陷。一般表现为污染物渗入涂面导致隆起、变色甚至开裂和剥落。图 7-1 为酸蚀引起的漆膜缺陷。

为避免车漆表面受到破坏,应尽可能使用车衣保护漆面。如果发现有以上污染物掉落在漆面上,要尽快除去。

当酸、碱性等污染物和漆面接触时间不长,没有对漆膜造成很大的影响时,只要对表面的损伤进行抛光处理,就能恢复原状;如果这些酸、碱性物质与漆面长时间接触,已经腐蚀变色,就需要将缺陷部位打磨直至消除缺陷,再重新进行涂装。

2. 水斑

漆膜表面残留有洗车的自来水,受热蒸发后,水滴部位形成一个白色环状的水滴痕,用普通的清洁方法不能除去,这种缺陷称之为水斑,如图 7-2 所示。

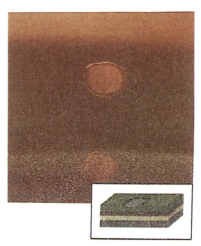

图 7-1 酸蚀引起的漆膜缺陷

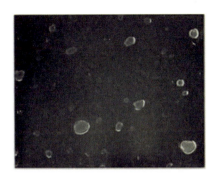

图 7-2 水斑

水斑缺陷

产生水斑的原因是水分中含有钙等矿物质,当水分受热蒸发时,部分水分渗入受热软化的涂膜,残留下来的矿物质渗入涂面。新喷漆膜没有完全干燥前,更易受到水分的影响,这时要避免车身接触水分。尽量不要在阳光暴晒下洗车,洗车后车辆表面的水滴要尽快擦掉,避免受热蒸发。

**3. 石击损伤**

在车辆行驶过程中,会有一些小石子撞击涂膜而导致漆膜脱落,称为石击损伤。石击损伤经常发生在车辆发动机罩或车顶的前端边缘。漆膜剥落的部位通常会形成锐利或锯齿状的表面,有时还会导致该区域中间部位产生小凹陷。

当车辆出现石击损伤时,须打磨掉缺陷区域的漆膜,磨出羽状边,用原子灰或用中涂底漆填平,然后继续涂装中涂底漆和面漆。如果石击部位已经出现生锈现象,则必须将锈蚀完全去除。

喷涂原厂新部件时,没有喷涂中涂底漆,而是在电泳底漆上直接喷涂面漆,或者喷涂塑料件时,中涂底漆和面漆没有根据塑料的柔软程度添加柔软剂,都会导致漆膜的抗石击能力下降,更易于被石子、砂粒打掉。

**4. 粉化**

漆膜表面受紫外线、氧气、水分的作用发生老化,树脂及颜料变质导致粉状脱落,表面上析出有色粉末且失去光泽,这种缺陷称为粉化(见图 7-3)。漆膜粉化产生的主要原因和预防措施如表 7-1 所示。

出现漆膜粉化,须将涂层彻底打磨去除,重新喷涂双组分中涂底漆及面漆。

图 7-3 粉化

粉化缺陷

表7-1 漆膜粉化产生的主要原因和预防措施

| 缺陷产生原因 | 预防措施 |
| --- | --- |
| 涂料耐候性不够好 | 使用耐候性好的高质量涂膜 |
| 漆膜短时间内经历高温和低温变化，因反复进行较剧烈的膨胀和收缩而导致树脂粉状脱落 | 在极端天气情况下，尽量将车辆置于车库内或者罩车衣保护；尽量避免车辆涂膜所处温度急剧变化的环境 |

5. 褪色

受紫外线照射等，漆膜的颜料变质导致颜色褪色，树脂变质导致颜色变黄，这种颜色的变化称为褪色（见图7-4）。

图7-4 褪色

褪色与涂料耐候性有很大关系，往往是由色漆中所含颜料或清漆的耐紫外线能力不够造成的。

褪色往往与粉化、完全失光同时出现，是漆膜老化的表现，一旦出现其中任何一个缺陷，须将缺陷漆膜彻底打磨去除，再重新喷涂双组分中涂底漆及面漆。

按照GB/T 9276—1996对耐候性的要求，汽车漆膜须能在三亚的暴晒试验场暴晒2年，失光率不大于30%且经过抛光后能够恢复原光泽，颜色变化$\Delta E < 3$，附着力无变化（100%合格），暴晒4年不应出现开裂。按照GB/T 1765—1979的要求，在人工气候老化仪中单工序纯色漆须能耐800 h（相当于暴晒2年）测试，金属漆须能耐1 200 h（相当于暴晒3年）测试。如果一辆单工序纯色面漆的车辆在2年内、双工序面漆车辆在3年内出现粉化、褪色开裂、严重失光，说明其所使用的涂料或工艺达不到国家标准要求。很多大的汽车涂料厂商的企业标准要高于以上国家标准，涂膜须能在人工气候老化仪中耐2 000 h（相当于暴晒5年）。

## （二）喷涂操作导致的漆膜缺陷处理

1. 橘皮

橘皮（见图7-5）描述的是漆膜的流平性。迎着光线观察漆膜表面时，可看到漆膜表面有1~5 mm不同大小的波纹，不同波纹区域的亮度、饱满度不同，漆膜表面这种类似橘子皮表面的纹理俗称橘皮,其产生的主要原因是喷枪喷出的油漆颗粒经过雾化到达喷涂表面时,相互间不能再流动,从而不能使漆膜表面平滑。

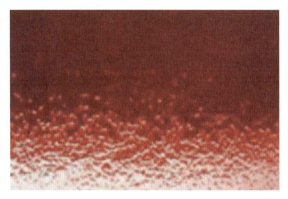

图 7-5 漆膜上的橘皮　　　　　　　　　　　橘皮视频

引起漆膜橘皮的因素很多,表 7-2 为漆膜橘皮常见的原因及预防措施。

表 7-2　漆膜橘皮常见的原因及预防措施

| 缺陷产生原因 | 预防措施 |
| --- | --- |
| 底材不平整,未打磨光滑就喷涂面漆 | 按工艺要求打磨至完全平滑 |
| 环境温度过高 | 采用适合该温度使用的慢干稀释剂 |
| 烤漆房内风速过高 | 风速调节到 0.2~0.6 m/s |
| 稀释剂挥发过快 | 使用慢干稀释剂 |
| 涂料黏度过高 | 根据涂料厂商产品说明书调配到合适黏度 |
| 涂膜过薄 | 按标准工艺喷涂合适道数,保证涂膜达到所需厚度 |
| 喷枪移动速度过快 | 降低喷枪移动速度 |
| 喷枪距工件过远 | 调节喷枪距工件至合适距离 |
| 喷涂压力过低 | 根据产品说明书将喷涂气压调配到要求的气压 |
| 喷枪出漆量调节过低 | 调节出漆量以达到工艺要求 |
| 底材温度过高 | 等底材温度降低到与环境温度相同时,采用合适的慢干稀释剂调配涂料进行喷涂 |

但无论是何种原因导致的橘皮,其补救方法一般都是采用以下 2 种:若橘皮比较轻微,则待漆膜完全干燥后,用适当粗细的蜡打磨抛光;若橘皮比较严重,则用细砂纸打磨橘皮表面至光滑表面,再打蜡抛光,或重新喷涂。

2. 鱼眼(缩孔)

鱼眼是指被涂表面或涂料中有异物(如油、蜡等),导致涂料不能均匀附着,漆膜产生收缩,面漆上出现圆形小坑,有时呈分散状,有时呈聚集状(见图 7-6)。鱼眼的中间往往会露出被涂面。

 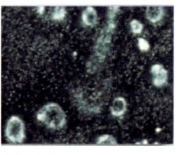 

图 7-6 漆膜上的鱼眼　　　　　　　鱼眼缺陷

这种缺陷往往在涂装时就会在湿漆膜上产生。一旦出现鱼眼,可以从以下方面寻找原因并予以解决,以避免鱼眼再次发生。

(1) 调漆工具如调漆杯、比例尺、过滤漏斗不干净,使异物(有些是肉眼看不到的)混入涂料中。

(2) 被涂物表面不清洁,有水、油、灰尘、肥皂、硅酮树脂等异物。

(3) 涂装作业环境空气不清洁,有油、蜡等。

(4) 涂装工具、工作服手套不清洁。

(5) 储气罐、油水分离器、冷冻干燥机不能有效分离油、水,压缩空气温度过高,或未及时、有效地排油排水(每天1次)。

(6) 烤漆房进风口处有污染物,被带入烤漆房的循环风中。

若在喷涂时出现比较轻微的鱼眼,可以参照涂料厂商产品说明,在涂料中加入鱼眼防止剂,继续薄喷以消除鱼眼。若出现比较严重的鱼眼,采用这个方法,即使鱼眼被填充遮蔽,由于喷涂过厚,后续做抛光处理也未必能够解决至没有缺陷痕迹,故建议烘干、打磨、清洁后重新喷涂。若出现非常严重的鱼眼,导致底色漆都没有遮蔽中涂底漆,则必须重喷。

3. 砂纸痕

砂纸痕是指喷涂涂料后,从漆膜上能看到原来打磨底材的砂纸痕迹(见图 7-7)。

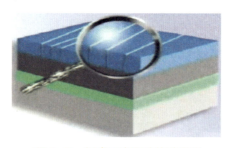 

图 7-7 打磨不当导致的砂纸痕　　　　砂纸痕缺陷

有时喷涂涂料时就可以看到砂纸痕,有时砂纸痕并不明显,但是由于底材上的砂纸痕受到上层漆膜所含溶剂的侵蚀而产生扩展,而上层漆膜经过一段时间后会逐渐下陷,导致砂纸痕越来越明显。产生砂纸痕的原因如下。

(1) 打磨底材选用砂纸不当,使砂纸痕过粗,从而无法被上层漆膜遮蔽、填平。打磨时喷涂技师经常容易忽略打磨时砂纸由粗到细过渡跳号的问题,砂纸跳号应遵循每次更换砂纸不能跳号超过2级的原则。很多时候,喷涂技师在某一工序最初粗磨时所使用的砂纸号和最后细磨时所使用的砂纸号都正确,但是中间更换砂纸时跳号幅度超过2级,导致后一步骤打磨的砂纸不能快速去除前一步骤打磨的砂纸痕。即使最后细磨选用了正确的砂纸，但是由于跳号幅度过大，前面步骤的粗砂纸痕有残留，最终还是会造成砂纸痕缺陷。

（2）下层漆膜没有完全干燥即打磨并喷涂上层漆膜，导致打磨的砂纸痕更容易受到上层漆膜中的溶剂侵蚀而扩展，形成砂纸痕缺陷。

（3）错误地使用了上层涂料溶解力过强或者过于慢干的稀释剂。虽然下层漆膜的干燥及后续打磨都没有问题，但在气温比较低时，也会导致上层涂料中的稀释剂侵蚀下层漆膜砂纸痕导致砂纸痕缺陷。

对于较轻微的砂纸痕，由于已经经过涂料填充，因此打磨、抛光就可以处理掉或处理至不太明显；但是对于较重的砂纸痕，打磨抛光则无法去除，需要磨除砂纸痕后，再重新喷涂。如图 7-8 所示的手工打磨造成的砂纸痕，此砂

图 7-8 手工打磨造成的砂纸痕

纸痕是使用砂纸或菜瓜布不当造成，无法抛光消除，必须重喷处理。

对于底层漆膜未完全干燥造成的砂纸痕，在重新处理时要注意判断下层涂膜是否已经完全干燥，如果还没有完全干燥，则需要重新加温烤干后再进行处理。

### 4. 起泡

如果漆膜下面存在水分，当温度升高时，水分蒸发产生的水汽就会顶起漆膜导致起泡（见图 7-9）。漆膜起泡的主要原因及预防措施如表 7-3 所示。一旦漆膜表面出现起泡，就需要打磨至完全除去起泡缺陷，然后根据表面状况重新喷涂。

起泡缺陷

图 7-9 漆膜起泡

表 7-3 漆膜起泡的主要原因及预防措施

| 缺陷产生原因 | 预防措施 |
| --- | --- |
| 水磨原子灰，原子灰吸收水分 | 干磨原子灰 |
| 喷涂前表面有水分、污渍、手印 | 喷涂前确保表面清洁、干燥 |
| 喷涂环境湿度较高，且漆膜喷涂完成后放置自然干燥，导致湿气渗入漆膜 | 使用适合环境温度的固化剂、稀释剂，喷涂完成后尽快烤干以避免湿气渗入漆膜 |

### 5. 溶剂泡

如果漆膜表面干燥过快，内层的溶剂挥发时，会顶起已固化的漆膜表面导致隆起，这种缺陷称之为溶剂泡（见图 7-10）。

图 7-10 溶剂泡

溶剂泡视频

当内层溶剂或水分挥发比较剧烈时，不仅会顶起已固化的漆膜表面，还会在急剧膨胀的溶剂泡作用力下顶穿漆膜，形成针孔（见图 7-11）。

导致溶剂泡的具体原因如下。

（1）使用了过于快干的、与环境不匹配的稀释剂。由于稀释剂挥发过快，漆膜表面过快干燥，导致内层溶剂挥发时涂膜表面隆起。

（2）喷涂溶剂型涂料后用喷枪吹干漆膜。这样做同样会导致表面干燥较快，使内层溶剂无法顺利挥发。

溶剂泡往往会成片存在，对于较轻的清漆表层的溶剂泡，打磨及抛光即可除去。但溶剂

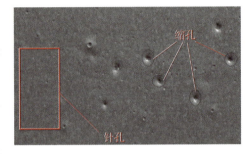

图 7-11 漆膜上的针孔（一）

泡过于严重，打磨除去溶剂泡时漆膜可能会被磨穿，或抛光时漆膜也可能被抛穿，这种情况下只能打磨去除溶剂泡后再重新喷涂。

### 6. 针孔

如前所述，在漆膜上出现起泡或溶剂泡，并且泡的顶端出现针状小孔，这种缺陷称为针孔（见图 7-12）。

图 7-12 漆膜上的针孔（二）

针孔视频

引起漆膜针孔的常见原因如下。

涂料中混入杂质或水分；被涂表面有污物；涂装过程中层与层之间闪干时间不充分；连续喷涂过厚，涂装后闪干不充分，烘干时升温过急，表面干燥过快；被涂物的温度高或者气温高，使用的稀释剂不够慢干。

当抛光不能消除针孔缺陷时，针孔可能产生在面漆层，也可能产生在防锈底漆、中涂

底漆上。当缺陷发生时，必须打磨到针孔所在涂层，将针孔完全打磨去除，这样才能保证在重新涂装时不会再次出现针孔。

7. 针眼

对于因为底材上有小孔（如玻璃钢表面的小孔或者原子灰表面的小孔）没有填平，而导致喷涂面漆后表面仍然能看到这些小孔，行业内通常将其称为针孔，为了与上述溶剂、水分剧烈挥发导致的针孔区分，本书将这种缺陷称为针眼（见图7-13）。

图7-13 漆膜上的针眼

因为针眼往往是在底材上，如玻璃钢表面或者原子灰表面，所以避免针眼最好的方法是在喷涂中涂底漆前使用玻璃纤维原子灰或擦涂免磨原子灰填平针眼。有时由于中涂底漆喷涂过厚导致起泡或者针孔，打磨时没有消除，喷涂面漆时也会出现针眼，由于针眼往往深及底材，故需要打磨填充后重新喷涂。

8. 流挂

工件表面施涂涂料后，部分湿膜表面向下流坠，因重力原因出现垂流状态，形成上部变薄下部变厚（涂层局部变厚）的缺陷，称之为流挂。流挂的形态多种多样，有的面积较大成帘幕状，有的成条纹状、水柱状或波纹状（见图7-14）。涂装作业中引起流挂的主要原因及预防措施如表7-4所示。

图7-14 漆膜流挂

流挂缺陷

表7-4 流挂产生的主要原因及预防措施

| 缺陷产生原因 | 预防措施 |
| --- | --- |
| 被涂工件温度过低 | 可以在喷涂前烤漆房升温，等工件温度升高后再喷涂 |
| 施工环境温度过低 | 烤漆房升温至25 ℃喷涂或使用适合于喷涂环境温度的稀释剂 |
| 喷枪涂料流量过大 | 调节减少喷枪涂料流量 |

续表

| 缺陷产生原因 | 预防措施 |
| --- | --- |
| 喷枪与喷涂表面距离过小 | 调节喷射距离至合适 |
| 喷枪移动速度过慢 | 加大喷枪移动的速度 |
| 涂料黏度过低 | 根据涂料厂商产品说明书将涂料调配到合适黏度 |
| 喷涂过厚 | 按照涂料标准工艺要求，喷涂合适道数，保证涂膜厚度合适 |
| 层与层之间闪干时间不足 | 层与层之间给予充分闪干时间 |

当发生流挂缺陷时，对于轻微、局部的清漆流挂，可以打磨消除流挂缺陷后进行抛光处理。如果流挂缺陷比较严重，或者是发生在中涂底漆或底色漆上（最后在清漆层上显现），这时必须彻底打磨掉流挂，再重新涂装面漆。

9. 失光

如果自然光照射到一个平滑和有光泽的表面，那么所有的光线会以同一个角度被反射。如果表面不平滑，那么光在不平滑的部位就会以不同的方向被反射，光线就会被散射，并且由于漆膜收缩等原因反射光的强度会减弱，当反射光量减弱到一定程度，漆膜表面光泽度就会受到明显影响，从侧面目测对比不同板块即可发现，将这种缺陷称为失光（见图7-15）。失光的程度可以用光泽仪测定，在一定反射角（20°、60°或85°）测量反射光强度，以其在同样条件在玻璃板上测得的反射光强度的百分比作为光泽度的大小。涂装作业中，引起失光的情况很多，表7-5为失光的主要原因及预防措施。

图7-15 高光泽度与失光的对比
(a) 调光泽度；(b) 失光

表7-5 失光的主要原因及预防措施

| 缺陷产生原因 | 预防措施 |
| --- | --- |
| 漆膜过薄 | 按涂料标准工艺要求，喷涂合适的道数，保证漆膜达到所需厚度 |
| 漆雾污染造成涂膜表面失光 | 调节烤漆房风速至0.2~0.6 m/s；喷涂时注意顺序，先喷涂边角，再喷涂较大面积区域，以避免产生漆雾 |
| 涂料过期或失效 | 检查涂料储存期和涂料储存条件 |

续表

| 缺陷产生原因 | 预防措施 |
| --- | --- |
| 底漆涂料（包括填眼灰）为单组分易于吸收上层涂料中所含溶剂并收缩 | 使用双组分涂料，少使用单组分涂料填眼灰，如果必须使用，尽可能在施涂双组分中涂底漆前小面积使用 |
| 固化剂、稀释剂调配比例不对 | 按照涂料厂商所推荐的正确调配比例调配涂料 |
| 使用不配套的固化剂、稀释剂 | 根据涂料厂商产品说明书选择使用正确的固化剂、稀释剂 |
| 底涂层（如中涂底漆）没有完全干燥即在上面喷涂下一层涂料 | 确保底漆涂料（包括原子灰、防锈底漆、中涂底漆等）完全干燥后再施涂下一层 |
| 面漆未完全干燥即抛光 | 确保面漆完全干燥后抛光 |

如果漆膜厚度达标，只是由于流平或者漆雾污染造成失光，抛光即可解决。如果是面漆没有完全干燥造成的失光，烘干涂层后再抛光也可以解决。如果是底涂层未完全干燥、底漆涂料（包括填眼灰）为单组分、漆膜过薄或稀释剂调配比例不当造成的失光，则抛光可以对失光有一定改善，但无法达到较佳光泽度。如果是固化剂调配比例不当或使用的固化剂、稀释剂、涂料过期失效造成的失光，则需要打磨除去漆膜后重新喷涂。

10. 起雾（发白）

水汽凝结在漆膜表面，导致漆膜表面呈现乳白色的薄雾状，称为起雾或发白（见图 7-16）。

图 7-16 漆膜起雾

漆膜起雾往往与天气密切相关，如果天气比较潮湿，当溶剂从漆膜中挥发时，工件表面温度会降低，使水汽凝聚，如同在冬天由室外进入到室内时，眼镜片温度较低会使室内空气中水分凝结在眼镜片上一样，水汽在漆膜表面凝结形成微小的水滴（水雾）就会造成起雾缺陷。

使用质量差或干燥速度过快的稀释剂，以及用喷枪吹干涂膜，加速溶剂型涂料中溶剂的挥发等都可能造成起雾缺陷。

漆膜起雾较轻微时，可待漆膜完全固化后抛光修复。漆膜起雾比较严重时，打磨漆膜表面，然后使用适当的稀释剂调配涂料重新喷涂。如果是色漆层出现起雾，则需给予色漆层充分的闪干时间，必要时适度升温以使色漆层表面水雾蒸发，然后选择合适的稀释剂调配色漆进行重喷。

11. 脱漆

脱漆是指某层涂膜从下面一层漆膜或者从底材上脱落的缺陷（见图7-17），常见于保险杠等塑料件上。

图7-17 漆膜脱漆

脱漆缺陷

出现脱漆的主要原因如下：首先是涂装材料的选择，不同的底材上需要选择合适的涂料。例如，在塑料件上，需要使用合适的塑料底漆、柔软剂等；如果涂装材料没有问题，那么可能是由于被涂表面前处理及清洁不当，打磨不够充分使被涂表面过于光滑，或存在蜡、油脂、硅酮树脂、油、脱模剂、水、铁锈等污物，这些都会造成脱漆。

当出现脱漆时，首先要分清漆膜是从哪一层剥落，是底材与漆膜之间剥落，还是漆膜与漆膜之间剥落。要避免漆膜再次剥落，需要打磨去除剥落涂层，然后选择合适的工艺及材料重新进行涂装。

12. 脏点

在车身修复作业中，脏点是一种常见的缺陷（见图7-18）。

产生脏点的原因有以下几种，需要在涂装作业中严格控制。

（1）操作人员衣物上可能存在灰尘（如打磨产生的粉尘等）或纤维，故需要在喷涂面漆时更换专门的防静电喷涂工作服。

（2）涂料中可能存在颜料沉淀形成的颗粒，调漆杯中也可能有杂质，故需要对涂料过滤后再加入喷枪喷涂。

图7-18 漆膜脏点

（3）烤漆房维护不好，一级滤棉或二级滤棉失效，喷涂时烤漆房进风中就会含有灰尘，导致脏点。

（4）车辆或工件进入烤漆房前应该彻底清洁，否则造成脏点的同时也会污染烤漆房过滤棉，增加抛光成本及烤漆房滤棉更换成本。

（5）使用报纸贴护或重复使用车衣做贴护。

（6）漆膜表面未干燥至不粘尘就移至烤漆房外。

漆膜表面的微小脏点可用砂纸打磨去除后,抛光处理。如果杂质颗粒较大,或者是底色漆乃至中涂底漆表面的脏点,只能打磨漆膜至脏点完全去除后,重新喷涂。

### 13. 羽状边开裂

在喷涂中涂底漆或喷涂面漆后,原子灰边缘部位出现裂痕,在喷涂面漆后的很短时间内就会显现出来。这种缺陷称为羽状边开裂,如图 7-19 所示。

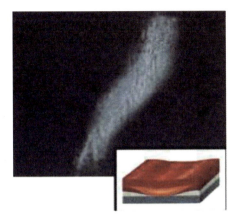

图 7-19 羽状边开裂　　　　　　　　　　羽状边开裂视频

导致这种缺陷的主要原因是刮涂原子灰之前羽状边处理不合格,而不是从原子灰质量或调配比例方面寻找原因。对于新部件,羽状边合格的标准是宽度须达到 20~30 cm,用手检查时比较平滑、没有台阶。如果羽状边边缘打磨不够平滑,有台阶,或者打磨砂纸过粗,在刮涂原子灰后,原子灰与旧涂层的附着力及坚固性不够,喷涂中涂底漆或者面漆后,其中所含溶剂会向下渗透侵蚀原子灰及旧涂层边缘的结合部位,导致旧涂层边缘溶解、膨胀、变形,从而导致羽状边开裂。

要避免羽状边开裂,首先是保证刮涂原子灰之前的羽状边打磨至合格,其次是避免可能导致稀释剂侵蚀原子灰及旧涂层边缘的诱因。

一旦出现羽状边开裂,就需要打磨开裂部位至完全去除,然后再次打磨羽状边,刮涂原子灰并重新喷中涂底漆和面漆。

### 14. 原子灰印

在喷涂中涂底漆或者喷涂面漆后,刮涂过原子灰的部位沿边缘出现印迹,这种缺陷称为原子灰印(见图 7-20)。原子灰印产生的主要原因及预防措施如表 7-6 所示。

图 7-20 原子灰印　　　　　　　　　　原子灰印视频

表 7-6 原子灰印产生的主要原因及预防措施

| 缺陷产生原因 | 预防措施 |
| --- | --- |
| 刮涂原子灰之前羽状边处理不合格 | 刮涂原子灰前,羽状边宽度须达到 20~30 cm,用手检查时比较平滑、没有台阶 |
| 原子灰刮涂在单组分涂料上(如单组分中涂底漆上) | 不要将原子灰刮涂在单组分涂料上 |
| 原子灰使用固化剂比例不当(过多或过少) | 按照产品要求添加合适比例的固化剂 |
| 原子灰未完全干燥即进行下一步骤的施工(打磨喷涂中涂底漆等) | 确保原子灰完全干燥后再打磨及喷涂中涂底漆 |
| 中涂底漆或面漆连续喷涂过厚,或使用的固化剂、稀释剂过于慢干,或喷涂中涂底漆或面漆时层与层之间闪干时间过短,或喷涂时气温过低,造成中涂底漆或面漆中所含溶剂向下渗透侵蚀原子灰,导致边缘膨胀扩展 | 使用正确的配套固化剂、稀释剂,保证充足的层与层之间闪干时间 |
| 原子灰平整度不够,原子灰边缘未达到合格羽状,与周围旧涂层或金属相比较高或较低 | 打磨原子灰时,最后须将边缘部位打磨至合格,打磨原子灰边缘时不要再继续打磨原子灰,而是同时扩大打磨周围旧涂层以使原子灰整体与周围形成平整表面 |

一旦出现原子灰印,就需要打磨原子灰印部位,然后重新刮涂原子灰并重新喷涂中涂底漆、面漆。

15. 咬底

下层涂料为单组分或虽然是双组分涂料但是未完全干燥(包括固化剂使用量不正确),当在上面喷涂涂料时,上层涂膜的溶剂侵蚀下层漆膜,使下层漆膜表面产生隆起和缩皱,这种缺陷通常称为咬底(见图 7-21)。

图 7-21 咬底

咬底产生的主要原因及预防措施如表 7-7 所示。

表 7-7　咬底产生的主要原因及预防措施

| 缺陷产生原因 | 预防措施 |
| --- | --- |
| 下层漆膜未完全干燥 | 对未完全干燥的漆膜，完全烤干后再打磨、喷涂下一层涂料；若由于固化剂添加不当造成不能完全干燥，则需要磨除漆膜后再次喷涂正确添加固化剂的涂料 |
| 下层漆膜变质 | 对于变质的漆膜，如表现为粉化、开裂、失光的漆膜，须完全磨除后再喷涂双组分中涂底漆、面漆 |
| 中涂底漆或面漆连续喷涂过厚，或使用的固化剂、稀释剂过于慢干，或使用了溶解力过强的稀释剂，或喷涂中涂底漆或面漆时层与层之间闪干时间过短，或喷涂时气温过低，造成中涂底漆或面漆中所含溶剂向下渗透侵蚀，导致原子灰边缘、单组分填眼灰或中涂底漆边缘产生咬底 | 使用正确的配套固化剂、稀释剂，保证充足的层与层之间闪干时间；使用双组分原子灰、中涂底漆 |

如果出现咬底，需要打磨除去咬底部位的所有缺陷。如果咬底比较严重，发生咬底的涂膜也需要完全打磨去除，然后喷涂双组分中涂底漆及面漆。

16. 开裂

漆膜如同干涸的池塘一样出现裂缝，这种缺陷称为开裂或龟裂（见图 7-22）。漆膜产生开裂的主要原因及预防措施如表 7-8 所示。

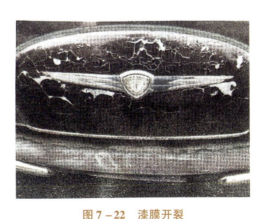

图 7-22　漆膜开裂

开裂缺陷

表 7-8　漆膜产生开裂的主要原因及预防措施

| 缺陷产生原因 | 预防措施 |
| --- | --- |
| 涂料耐候性不够好 | 使用耐候性好的高质量漆膜 |
| 涂膜短时间内经历高温低温变化，因反复剧烈膨胀和收缩而变硬、变脆，导致开裂 | 在极端天气情况下尽量将车辆置于车库内或者罩车衣保护；尽量避免车辆漆膜所处环境温度急剧变化 |

续表

| 缺陷产生原因 | 预防措施 |
| --- | --- |
| 涂料施涂时使用了过量固化剂 | 使用正确比例的配套固化剂 |
| 漆膜总厚度过厚 | 对于多次（4次及以上）喷涂过的车辆，修补时需磨除原厂漆之外的其他涂层，再喷涂中涂底漆及面漆 |
| 漆膜喷涂过厚 | 根据涂料厂商提供的产品说明调配涂料，喷涂合适的层数，确保涂膜厚度合理 |
| 在塑料表面涂装时，双组分中涂底漆或者面漆没有添加柔软剂 | 塑料涂装时，需根据塑料柔软程度在双组分中涂底漆或者面漆中添加柔软剂 |

对于已经开裂的漆面，要打磨至完全除去裂纹；对于严重的大面积的裂纹，要打磨完全去除裂纹所在涂膜，然后重新喷涂中涂底漆及面漆。

17. 渗色

喷涂面漆后，下面涂料的颜料渗入面漆漆膜，导致从外观能从面漆中看到下面涂料的颜色，这种缺陷称为渗色（见图7-23）。渗色的产生的主要原因及预防措施如表7-9所示。一旦出现渗色，就需要打磨漆膜，重新整板喷涂双组分中涂底漆，然后再喷涂面漆。

图7-23 渗色

渗色视频

表7-9 渗色产生的主要原因及预防措施

| 缺陷产生原因 | 预防措施 |
| --- | --- |
| 原子灰加入过量固化剂，导致原子灰及固化剂中颜料渗浮至上层涂料 | 根据原子灰使用要求添加适量固化剂，喷涂面漆前不要有裸露原子灰 |
| 面漆改色时，下层涂料为深色（通常红色、黄色更易出现缺陷）单工序涂料，上层喷涂浅色面漆时出现渗色 | 对于已经老化的涂膜需打磨去除老化层，喷涂改色面漆前需喷涂双组分中涂底漆 |

中涂底漆或者面漆连续喷涂过厚，或使用的固化剂、稀释剂过于慢干，或使用了溶解力过强的稀释剂，或喷涂中涂底漆或面漆时层与层之间闪干时间过短，或喷涂时气温过低，造成中涂底漆或面漆的含大量溶剂向下渗透，在向上挥发时将底层颜料带至上层涂料。上述情况更易导致渗色。因此要使用正确的配套固化剂和稀释剂，保证充足的层与层之间闪干时间。

18. 发花（起云）

银粉漆或珍珠漆表面深浅不一致，颜色有差异，这种缺陷称为发花，通常也称为起云（见图 7-24）。银粉漆、珍珠漆发花产生的主要原因及预防措施如表 7-10 所示。

图 7-24 发花

发花视频

表 7-10 银粉漆或珍珠漆发花产生的主要原因及预防措施

| 缺陷产生原因 | 预防措施 |
| --- | --- |
| 稀释剂选择不当，过于快干或慢干 | 根据环境温度选择合适的稀释剂 |
| 稀释剂使用过多或过少 | 按照涂料厂商产品说明书添加合适比例的稀释剂 |
| 喷涂时，喷枪和板块的距离太近 | 使用正确的喷涂技巧，包括枪距，走枪速度等 |
| 喷涂间温度过低 | 烤漆房升温至 25 ℃ 喷涂 |
| 层间静置时间太短 | 保证涂膜层间静置时间，可参照涂料厂商产品说明书，或等上层涂膜哑光后再喷涂下一层 |
| 过于干喷底色漆 | 合理调配喷枪，并按照合适的喷涂方法喷涂 |
| 过于厚涂底色漆，导致银粉排列杂乱 | 合理调配喷枪，并按照合适的喷涂方法喷涂 |
| 喷涂清漆前的静置时间不够 | 喷涂清漆前参照涂料生产厂商产品说明书给予底色漆充足静置时间，然后再喷涂清漆 |

若在喷涂银粉漆或珍珠底色漆时出现发花，可按表 7-10 查找原因，调整存在问题的方面，使用正确的施涂方法重新喷涂。若喷涂清漆之后发现发花，则需要打磨清漆层至哑光，重新按照正确的施涂方法喷涂底色漆及清漆。

19. 抛光纹

漆面抛光后,漆膜表面上有细微的划痕,一般是螺旋纹(见图7-25),这种缺陷称为抛光纹。抛光纹产生的主要原因及预防措施如表7-11所示。

图7-25 抛光纹

抛光痕迹视频

表7-11 抛光纹产生的主要原因及预防措施

| 缺陷产生原因 | 预防措施 |
| --- | --- |
| 漆面未充分固化就研磨、抛光 | 等漆膜完全固化后,研磨、抛光 |
| 研磨砂纸太粗或者抛光剂过粗,抛光轮擦拭布上有杂质或太粗硬 | 使用正确型号、细度的研磨剂、抛光剂。抛光轮擦拭布要柔软、清洁 |

若是漆面未充分固化就研磨抛光,可使用红外线灯烘烤至干燥后重新抛光。抛光纹严重的情况下,需要打磨后重新喷涂。

## 三、自我测试题

简答题

1. 涂装漆膜缺陷根据产生的原因可以分为哪2类?
2. 常见的漆膜缺陷有哪些?对应产生的原因和防护方法有哪些?

# 参 考 文 献

［1］丰田汽车公司. 丰田服务培训之钣喷修理培训手册，2010年10月.
［2］庞贝捷漆油贸易（上海）有限公司. 专业汽车漆颜色调配培训手册，2011版.
［3］中国汽车维修行业协会. 车身涂装［M］. 北京：人民交通出版社，2014.
［4］深圳市美施联科技有限公司. 德国SATA设备培训教程，辽宁科学技术出版社，2020版.
［5］交通运输部职业资格中心. 汽车车身涂装修复工职业技能鉴定教材［M］. 北京：人民交通出版社，2017.